Neue Welle Deutschland

Neue Welle Deutschland Workbook

William Anthony
Northwestern University

Franziska Lys
Northwestern University

With the collaboration of Video Publishing Group, Inc.

D.C. HEATH AND COMPANY
Lexington, Massachusetts   Toronto

Address editorial correspondence to:

D. C. Heath
125 Spring Street
Lexington, MA 02173

Published simultaneously in Canada.

Printed in the United States of America.

International Standard Book Number: 0–669–24519–4

10 9 8 7 6 5 4 3 2 1

Introduction

Neue Welle Deutschland is a unique, new video program for students in their first year of German. Its goal is to present real, natural German used in authentic situations. *Neue Welle Deutschland* will help accelerate your acquisition of all four basic language skills in German, from listening and speaking to reading and writing, and it will teach you interesting facts about German culture as well. As you work with the program, you will become acquainted with two German university students, Katrin and Stefan, and a German family, Familie Bachmann. Their conversations—that is, all dialogues in the program—were only partially scripted to ensure that the German you hear is a blend of controlled language with spontaneous, everyday speech.

The *Neue Welle Deutschland* video program is comprised of a video, a video workbook, and an instructor's edition of the workbook. Shot entirely on location in Berlin, each video module features opening realia shots, authentic scenes about daily life in Germany, a short grammar review, and a final mosaic of thematically related documentary shots. The workbook is closely integrated with the video and contains a wealth of pre-viewing, viewing, and post-viewing activities, including photos, realia, short reading passages, and cultural notes.

Neue Welle Deutschland is closely coordinated with D. C. Heath's first-year German text, *Neue Horizonte*, Third Edition, with respect to cultural scenes, grammar sequencing, and active vocabulary. It can be used with any German language textbook, however, or can serve as a primary source for a conversation course.

Organization

The video

The *Neue Welle Deutschland* video consists of eight modules, each approximately six minutes in length. The modules are based on various thematic scenes (see the table of contents). Each module is structured as follows:

- The short, realistic radio announcement *(Radioansage)* establishes the broadcasting theme of each episode.

- The opening documentary scenes *(Kulturelle Welle)* introduce the cultural theme of the live segment.

- The "live" segment *(Live)* is the heart of each module. It focuses on realistic situations you might encounter in Berlin or any other German city.

- The graphic section *(Graphik)* is a brief animated segment that reinforces a grammar point related to the main theme of each module.

- The closing documentary scenes *(Welle Magazin)* present a collage of images that reinforce the main theme of the live segment.

The workbook

A key component of the *Neue Welle Deutschland* program is the video workbook. Whether you work with the *Neue Welle Deutschland* video in class, in the language lab, or at home, the workbook will guide you through each module step-by-step. It contains a variety of pre-viewing, viewing, and post-viewing activities that reinforce all four language skills. You will find a variety of exercises: fill-in-the-blank, true-false, multiple choice, matching, and personal response questions. In addition, the workbook contains cultural notes, photo- and realia-based activities, role-plays and problem-solving situations for follow-up discussions in class. The workbook is organized as follows:

- The introduction *(Einführung)* provides a list of characters who appear in each module, a short activity usually based on a photograph from the main episode, and a topical vocabulary list.

- The cultural section *(Kulturelle Welle)* contains a wealth of realia-based activities. This section prepares you for the live segment and expands your familiarity with German culture. The *Einführung* and *Kulturelle Welle* comprise the pre-viewing *(Vor dem Video)* section; do them before you watch each video episode.

- The viewing activities *(Zum Video)* are designed to be completed while you watch the video. There is a time code for easy access to the video, and the workbook exercises follow the structure of the video exactly. To be a more effective viewer, note the following:

  1. The vocabulary list in this section is specific to the "live" segment. Review it first.

  2. The exercises for the "live" segment *(Live)* will help you understand the story line and dialogue. You will need to stop the video frequently to complete these exercises.

  3. The post-viewing activities *(Nach dem Video)* include comprehension checks, writing activities, and role-play situations. Before you do this section, view the module in its entirety one or two times.

  4. At the end of the video workbook, you will find a comprehensive list of all words and phrases from the pre-viewing and viewing sections.

We hope that you enjoy this video program and that it enriches your learning experience. Good luck.

Acknowledgments

Many people contributed their time and talent to the development of this video package. We would like to express our sincere thanks to Al Browne and Doug Latham, from Video Publishing Group, Inc., who directed and produced this project and whose many creative suggestions helped shape its final form. Thanks also to Andrei Campeanu and his video crew for giving expression to our ideas. We are grateful to Denise St. Jean, Sharon Alexander, Janice Molloy, and Jan Shapiro at D. C. Heath for their many helpful contributions to this project. Special thanks goes to Joan Schoellner, our project editor at D. C. Heath, for her friendly and professional guidance. We can't imagine working with a better editor. We would also like to express our gratitude to our students and to our colleagues at Northwestern University for their loyal support and advice. Finally, we dedicate this publication to our families: Thomas Lys, and Carolyn, Margaret, and Lauren Anthony.

Contents

1   Ist das Zimmer noch frei?   (00:00)

Vor dem Video
Einführung

Personen

Katrin Berger	*Eine Studentin in Berlin*
Die Bachmann Familie:	
Frau Bachmann	*die Mutter*
Herr Bachmann	*der Vater*
Stefan, Sabrina, Harald	*die Kinder*
Herr Blum	*der Großvater*

A **Aus dem Video.** Oben ist ein Bild von Katrin. Sie ist die Hauptperson im Video. Beantworten Sie die Fragen über sie auf deutsch oder auf englisch. *(Above is a picture of Katrin. She is the main character in the video. Answer the questions about her in German or in English.)*

1. Wie alt ist Katrin?

    _____

2. Was trägt Katrin? Beschreiben Sie sie. *(What is Katrin wearing? Describe her.)*

    _____

3. Wo ist Katrin?

    _____

4. Was macht Katrin?

    _____

VOKABULAR ZUR ZIMMERSUCHE (VOCABULARY FOR FINDING A ROOM)

Substantive (Nouns)

die **Universität, -en**	university
die **Wohnung, -en**	apartment
das **Zimmer, -**	room

Verben (Verbs)

mieten	to rent
suchen	to search, look for
vermieten	to rent out

Adjektive (Adjectives)

frei	free

Kulturelle Welle

B *Lesetext!* Lesen Sie den folgenden Absatz, dann beantworten Sie die Fragen. *(Read the following paragraph, then answer the questions.)*

Wohnungsnot° an der Universität.   *housing shortage*

Viele Studenten haben große Probleme. Sie suchen ein Zimmer an der Universität. In Berlin sind die Zimmer knapp.° Sie sind auch teuer.° Die Situation ist für viele Studenten ernst.° Die Studenten finden Information über freie Zimmer auf dem schwarzen Brett.° Die Studenten suchen ein Zimmer in einer Wohngemeinschaft (WG),° in einem Studentenheim° oder privat.

scarce
expensive / serious
bulletin board
students sharing an apartment
dorm

Wählen Sie das Wort, das am besten paßt. Kreisen Sie den Buchstaben ein. *(Choose the word or phrase that best completes the following sentence. Circle the letter.)*

1. Viele Studenten haben Probleme an der Universität. Sie suchen _____.

   a. ein Zimmer   b. eine Zeitung   c. die Eltern

2. Es gibt _____ Zimmer in Berlin.

   a. viele   b. nicht viele   c. keine *(no / none)*

3. Die Studenten finden _____ über Zimmer am schwarzen Brett.

   a. das Büro   b. Information   c. das Semester

Zur Kultur

In order to save money, many students live together in large apartments. Each student has an individual room. All share the kitchen and the bathroom. Such cooperative living arrangements are called „eine Wohngemeinschaft" or „eine WG".

In Germany, not as many dorms are available for students as in the United States. Most German dorms have single or double rooms with kitchen facilities and a bathroom on each floor. A student dorm in Germany is called „ein Studentenwohnheim".

The main bulletin board at a German university is called „das schwarze Brett". Here, students can find rental notices for rooms or apartments, official announcements, and news about events at the university. Some people advertise used cars, motorcycles, bicycles, and even furniture.

C *Eine Wohnungsanzeige vom schwarzen Brett.* Lesen Sie zuerst die Anzeige, dann die folgenden Fragen. Kreisen Sie zu jeder Frage die richtigen Wörter in der Anzeige ein. *(First read the notice, then the following questions. For each question, circle the correct words in the notice.)*

---

großes Zimmer in Wohngemeinschaft

zu vermieten°   for rent

an ruhige° Studentin, Nichtraucherin°   quiet / non-smoker

250 DM im Monat°   per month

Telefon: 030 / 55 77 20

---

1. Was ist zu vermieten?

2. Wo ist das Zimmer?

3. Für wen ist das Zimmer?

4. Was kostet (*costs*) das Zimmer?

5. Wie ist die Telefonnummer?

Lesetext! Lesen Sie den folgenden Absatz, dann beantworten Sie die Fragen. *(Read the following paragraph, then answer the questions.)*

Die Anreden° „Du" und „Sie".   *forms of address*

Im Deutschen gibt es verschiedene° Anreden und Begrüßungen.°   *various /greetings*
Kinder und Leute unter 20 sagen „du" oder „ihr" zueinander.°   *to each other*
Erwachsene° sagen „Sie". Ausnahmen° sind zum Beispiel   *adults / exceptions*
Familienmitglieder,° Freunde, Studenten und Sportler.° Sie sagen   *family members / athletes*
auch „du" und „ihr" zueinander. Sagen Sie „Sie" zu einer Person?
Dann sagen Sie „Guten Tag" oder „Auf Wiedersehen". Sagen Sie
„du" zu einem Freund? Dann sagen Sie „Hallo" oder „Tschüß".

Sind die folgenden Sätze richtig oder falsch? Kreisen Sie R oder F ein. *(Are the following statements true (richtig) or false (falsch)? Circle R or F.)*

1. Leute unter 20 sagen „Sie" zueinander *(to each other).*   R   F

2. Studenten und Sportler sagen „du" und „ihr".   R   F

3. Zu den Eltern sagt man „du".   R   F

4. Zu dem Professor sagt man „du".   R   F

Zum Video

VOKABULAR (VOCABULARY)

Substantive

der **Balkon, -e**	balcony
das **Fräulein, -**[1]	young woman; Miss or Ms.
der **Opa, -s**	grandpa
die **Stadt, ¨e**	city
der **Wandschrank, ¨e**	closet
das **Wochenende, -n**	weekend

Verben

kosten	to cost
mieten	to rent
sich setzen	to sit down
vermieten	to rent out
zeigen	to show

[1] Increasingly, Germans consider **Fräulein** old-fashioned and slightly sexist. The title **Frau** is now more frequently used.

Adjektive und Adverbien *(Adjectives and Adverbs)*

frei	free
gemütlich	cozy, comfortable
gern	yes; with pleasure
hell	bright, light
oben	here: on the next floor, above

Andere Wörter und Ausdrücke *(Other Words and Expressions)*

in Eile sein (ist)	to be in a rush or hurry
Ich freue mich!	I'm glad!
Freut mich.	Glad to meet you.
eine Tasse Kaffee	a cup of coffee
im Monat	per month
Da sage ich nicht nein.	I won't say "no" to that.
Möchten Sie ein Stück Kuchen?	Would you like a piece of cake?
mit uns wohnen[2]	to live with us
Ich habe Zeit.	I've got the (free) time.

Kulturelle Welle   (00:15)

A **In Berlin wohnen.** Lesen Sie die folgenden Wörter. Dann kreuzen Sie an, was Sie in diesem ersten Videoteil sehen! *(Read the following words. Then check what you see in this first video segment.)*

_____ 1. die Hausnummer 29 *(the street number 29)*

_____ 2. die Dachwohnung *(the loft apartment)*

_____ 3. das Bauernhaus *(the farm house)*

_____ 4. das schwarze Brett an der Universität *(the bulletin board at the university)*

_____ 5. das moderne Hochhaus *(the modern highrise)*

_____ 6. das Straßenschild *Beerenstraße* *(the street sign Beerenstraße)*

---

[2] The use of **mit** implies intimacy; more commonly Germans would say: **. . . bei uns wohnen.**

B *Eine Wohnungsanzeige am schwarzen Brett.* Diese Wohnungsanzeige findet Katrin an der Universität. Lesen Sie sie, dann kreisen Sie die Schlüsselwörter im Foto ein. *(Katrin finds this rental notice at the university. Read it, then circle the key words in the photo.)*

möbliert *furnished* **die Dusche** *shower* **Nähe** *vicinity* **nachmittags** *every afternoon*

Zu der Wohnungsanzeige am schwarzen Brett. Schreiben Sie das richtige Wort in die Lücke. *(Write the correct word in the blank.)*

1. Man vermietet ein _____ an einen Studenten.

2. Das Zimmer hat eine _____ , Toilette und einen Garten.

3. Die _____ ist in der Nähe.

4. Das Zimmer kostet *(costs)* _____ DM im Monat.

5. Man kann am Nachmittag oder am _____ telefonieren.

Live: Ist das Zimmer noch frei?

Erster Teil   (00:55)

C *Ein Gespräch.* Schauen Sie sich diesen Videoteil an. Dann schreiben Sie die fehlenden Wörter in den Dialog. *(Watch this segment of the video. Then write the missing words in the dialogue.)*

Frau Bachmann: Guten _____ (1) ! Ich bin Frau Bachmann.

Katrin: Guten Tag. Ich bin Katrin Berger. Ist das Zimmer noch _____ (2)?

Frau Bachmann: Ja.

Katrin: Darf ich's _____ (3)?

Frau Bachmann: Ja, gern, es ist _____ (4). Gehen wir doch!

D *Zum Videoteil.* Sind die folgenden Sätze richtig oder falsch? Kreisen Sie R oder F ein. *(Are the following statements true or false? Circle R or F.)*

1. Das Haus hat einen Balkon.   R   F

2. Katrin will *(wants)* das Zimmer sehen.   R   F

3. Das Zimmer ist noch frei.   R   F

4. Frau Bachmann sagt „Wie geht's?"   R   F

Zur Kultur

In Germany it is customary to shake hands when greeting another person. Good friends may shake hands every time they meet.

Zweiter Teil (01:30)

E *Das Zimmer.* Lesen Sie die Liste. Dann kreuzen Sie die Sachen an, die Sie im Zimmer sehen. *(Read the list. Then check the items that you see in the room.)*

_____ 1. ein Bett

_____ 2. ein Wandschrank *(closet)*

_____ 3. eine Dusche *(shower)*

_____ 4. ein Fernseher *(television set)*

_____ 5. ein Stuhl

_____ 6. ein Tisch

_____ 7. ein Bücherregal *(bookcase)*

_____ 8. ein Radio

_____ 9. ein Sofa

_____ 10. ein Schreibtisch *(desk)*

_____ 11. eine Sauna

_____ 12. ein Bild *(picture)*

F *Katrins Meinung.* Was sagt Katrin über das Zimmer? Kreuzen Sie jeden Satz an, den sie sagt. *(What does Katrin say about the room? Check each sentence that she says.)*

_____ 1. Es ist schön hier.

_____ 2. Das Zimmer ist groß und hell.

_____ 3. Das Bett ist schlecht.

_____ 4. Das Zimmer ist häßlich.

_____ 5. Das Sofa sieht sehr gemütlich aus.

_____ 6. Ich nehm' es!

G *Und Ihr Zimmer?* Vergleichen Sie dieses Zimmer mit Ihrem Zimmer an Ihrer Universität. Finden Sie es schön? Warum? Warum nicht? Sie können auf deutsch oder auf englisch schreiben. *(Compare this room to your room at your university. Do you find it pleasant? Why? Why not? You may write in German or in English.)*

_____

_____

_____

_____

_____

_____

Dritter Teil   (02:20)

H *Beim Kaffee.* Wer spricht da? Schreiben Sie die Namen auf. *(Who is speaking? Write the names.)*

Katrin   Frau Bachmann   Herr Bachmann   Herr Blum   Sabrina   Stefan   Harald

1. Freut mich sehr, Fräulein Berger. Ich heiße Wolfgang Bachmann.   _____

2. Und das ist unsere Familie, unser Opa, Herr Blum.   _____

3. Da sag' ich nicht nein.   _____

4. Fräulein Berger kommt aus Leipzig.   _____

5. Am Wochenende zeig' ich dir die Stadt. Es ist sehr interessant.   _____

I *Katrin und die Familie Bachmann.* Welcher Satz paßt zu Katrin, Frau Bachmann, Herrn Bachmann, Herrn Blum, Sabrina, Stefan oder Harald? Schreiben Sie den Namen zu jedem Satz. *(Which sentence applies to Katrin, Mrs. Bachmann, Mr. Bachmann, Mr. Blum, Sabrina, Stefan, or Harald? Write the name that matches each statement.)*

1. Sie kennt Berlin noch nicht *(not yet)*.   _____

2. Er ist der Vater von *(of)* Frau Bachmann.   _____

3. Er ist der kleine Bruder.   _____

4. Er ist Student und er arbeitet auch.   _____

5. Er hat vier Kinder.   _____

6. Sie gibt Katrin eine Tasse Kaffee.   _____

Zur Kultur

It is a tradition in Germany to have coffee and cake on Sunday afternoon or when one has guests.

Leipzig is a large city in the German state (das *Bundesland*) of *Sachsen*, formerly in the German Democratic Republic (die *Deutsche Demokratische Republik* [die *DDR*]).

Graphik   (03:48)

Grüße (Greetings)

As you watch the sun rise and fall over the historic *Reichstag* building in Berlin, you'll notice the appropriate time of day for the use of common German greetings and farewells. After you have seen this section, complete the exercise that follows.

J *Grüße.* Lesen Sie jeden Gruß auf der linken Seite. Dann finden Sie die richtige Antwort auf der rechten Seite. *(Read each greeting on the left. Then find the most appropriate response on the right.)*

_____ 1. Guten Morgen, Frau Müller, wie geht's?   a. Grüß dich!

_____ 2. Auf Wiedersehen!   b. Gut, danke und Ihnen?

_____ 3. Guten Tag, Herr Blum!   c. Auf Wiedersehen, bis morgen!

_____ 4. Hallo!   d. Guten Tag!

Welle Magazin   (05:05)

Ein deutsches Haus

K *Ein deutsches Haus.* Kreuzen Sie an, was Sie in diesem Videoteil sehen. *(Check what you see in this segment of the video.)*

_____ 1. die Küche (*the kitchen*)

_____ 2. das Wohnzimmer (*the living room*)

_____ 3. das Schlafzimmer (*the bedroom*)

_____ 4. das Eßzimmer (*the dining room*)

_____ 5. das Badezimmer (*the bathroom*)

_____ 6. der Keller (*the basement*)

_____ 7. der Balkon (*the balcony*)

_____ 8. der Garten (*the garden*)

_____ 9. der Dachboden (*the attic*)

Nach dem Video

A *Die Personen.* Beschreiben Sie die Personen in diesem Video auf deutsch oder auf englisch! Benutzen Sie Ihre Phantasie! *(Describe the people in this video either in German or in English. Use your imagination!)*

Die Personen	Was er/sie tut	Wie alt er/sie ist	2–3 Adjektive
Katrin	_____	_____	_____
	_____	_____	_____
Frau Bachmann	_____	_____	_____
	_____	_____	_____
Herr Bachmann	_____	_____	_____
	_____	_____	_____
Sabrina	_____	_____	_____
Harald	_____	_____	_____
	_____	_____	_____
Herr Blum	_____	_____	_____
	_____	_____	_____
Stefan	_____	_____	_____
	_____	_____	_____

B *Rollenspiel.* Spielen Sie jetzt die Rolle von Katrin. Was antworten Sie auf jede Frage? *(You are now playing Katrin's role. What is your answer to each question?)*

_____ 1. Sind Sie in Eile?　　　　　　　　　　a. Nein, noch nicht *(not yet)*!

_____ 2. Möchten Sie ein Stück Kuchen?　　　b. Ich komme aus Leipzig.

_____ 3. Eine Tasse Kaffee vielleicht?　　　　c. Nein, danke.

_____ 4. Kennst du Berlin schon?　　　　　　d. Nein, ich habe Zeit.

_____ 5. Woher kommen Sie?　　　　　　　　e. Da sage ich nicht nein!

C *Zur Kultur.* Sind die folgenden Sätze richtig oder falsch? Kreisen Sie R oder F ein. *(Are the following statements true or false? Circle R or F.)*

1. Katrin kommt aus Dresden.   R   F

2. In einer Wohngemeinschaft wohnen viele Studenten.   R   F

3. In Deutschland gibt man sich die Hand *(shakes hands)*. Dann sagt man **Hallo** oder **Guten Tag**.   R   F

4. Stefan sagt **du** zu Katrin.   R   F

5. **Kaffee und Kuchen** ist eine Tradition in Deutschland.   R   F

6. Deutsche Studenten finden viele Zimmer oder viele Wohnungen.   R   F

D *Zum Schreiben!* Wählen Sie ein Thema. *(Choose one topic.)*

1. Complete the advertisement below in which you offer your current room for rent. You may choose from the words in parentheses or use different ones.

Zimmer in _____ frei: _____ und _____
         (Einfamilienhaus / Wohngemeinschaft)   (groß / klein / schön / modern / alt)

zu vermieten an _____. _____ soll _____ sein.
         (Student / Studentin)   (Er / Sie) (sauber *(clean)* / ordentlich *(neat)*

_____ DM im Monat. Telefonnummer: _____ nur _____.

(300 / 500 / 1000)   (nachmittags *(afternoons)* / abends)

---

2. Use the postcard below to write a note to your family. Tell them about the room you've just rented from a nice family in Berlin.[3]

Liebe Mutter, lieber Vater,

_____

_____

_____   An Herrn und Frau

_____   _____

_____   _____

_____   _____

_____   USA

      Liebe Grüße,

E *Situationen!* Spielen Sie diese Situationen mit einem Partner oder einer Partnerin. *(Enact these situations with a partner.)*

1. Introduce one classmate to another classmate.

2. You are looking for a roommate to share the apartment you have just rented. Describe the apartment and the vacant room to a friend and tell her/him what it would cost.

3. Bring a picture of your family to class and describe it to your classmates. (If you don't have a picture of your family, you can take a photo from a magazine and make up some information about your imaginary "family".)

4. Call the telephone number at the bottom of the ad for the room that Katrin wants to rent and ask about the room.

[3]In letters and other forms of written communication, all forms of **du** and **ihr** are capitalized. In addition, dates are written in the sequence *day, month, year:* **Dienstag, den 21. 4. 92.**

2 Ohne Frühstück geht's nicht! (06:30)

Vor dem Video
Einführung

Personen

Katrin
Die Familie Bachmann

A *Ein deutsches Frühstück!* Was sehen Sie auf dem Bild oben? Kreuzen Sie die Wörter in der folgenden Liste an. *(What do you see in the above picture? Check the words in the list below.)*

_____ 1. Wurst *(sausage)*

_____ 2. Käse *(cheese)*

_____ 3. Marmelade *(preserves, jam)*

_____ 4. Kaffee

_____ 5. Orangensaft *(orange juice)*

_____ 6. Joghurt *(yogurt)*

_____ 7. ein Brötchen *(a breakfast roll)*

_____ 8. Corn Flakes

_____ 9. ein Ei *(an egg)*

_____ 10. Honig *(honey)*

_____ 11. Salz und Pfeffer *(salt and pepper)*

_____ 12. Butter *(butter)*

_____ 13. Speck *(bacon)*

_____ 14. Milch *(milk)*

Zur Kultur

Das Ei° hat einen Eierhut.° So bleibt das Ei warm. Finden Sie den Eierhut im Photo.   *egg / egg hat*

In Deutschland sagt man „*Guten Appetit!*" vor der Mahlzeit.°   **vor . . .** *before the meal*

B *Ihr Frühstück.* Was essen Sie zum Frühstück? Machen Sie eine Liste auf deutsch oder auf englisch. *(What do you eat for breakfast? Make a list in German or in English.)*

Was essen Sie zum Frühstück?

_____

_____

_____

_____

_____

Was trinken Sie zum Frühstück?

_____

_____

_____

FRÜHSTÜCKSVOKABULAR (BREAKFAST VOCABULARY)

Substantive

das **Brot**	bread
das **Brötchen, -**	breakfast roll
die **Butter**	butter
das **Ei, -er**	egg
das **Frühstück**	breakfast
der **Honig**	honey
der/das **Joghurt**	yogurt
der **Kaffee**	coffee
der **Käse**	cheese
die **Marmelade, -n**	preserves, jam
der **Tee**	tea
die **Wurst, ̈e**	sausage

Verben

essen (ißt)	to eat
trinken	to drink

Andere Wörter und Ausdrücke

zum Frühstück	for breakfast

Kulturelle Welle

C *Lesetext!* Lesen Sie den folgenden Absatz, dann beantworten Sie die Fragen. *(Read the following paragraph, then answer the questions.)*

Das deutsche Frühstück

Das deutsche Frühstück ist eine wichtige Mahlzeit.° Die Familie sitzt am Tisch und so beginnt ein neuer Tag. Man trinkt Tee oder Kaffee. Man ißt ein Brötchen oder ein Stück Brot° mit Butter, Marmelade oder Honig. Viele Leute essen Wurst, Käse oder ein weiches Ei.° Natürlich kann man auch Joghurt oder Flocken° mit Milch essen.

meal

ein . . . *a piece of bread*

ein . . . *a soft-boiled egg*

cereal

Wählen Sie das Wort, das am besten paßt. Kreisen Sie den Buchstaben ein. *(Choose the word that best completes the following sentences. Circle the letter.)*

1. Man trinkt Tee oder _____ zum Frühstück.

   a. Milch   b. Honig   c. Kaffee

2. Man ißt ein Brötchen mit _____ , Marmelade oder Honig.

   a. Butter   b. Joghurt   c. Corn Flakes

3. Man kann auch Joghurt oder Flocken *(cereal)* mit _____ essen.

   a. Wurst   b. Käse   c. Milch

Zur Kultur

In Deutschland ißt man sehr oft Brot zum Frühstück, zum Mittagessen° und zum Abendbrot.° Es gibt Brötchen und Toastbrot, Weizenbrot° und Roggenbrot.° Man bäckt° das Brot jeden° Tag frisch und verkauft es in der Bäckerei.°

lunch / dinner
wheat bread / rye bread / bakes
every / bakery

Ohne Frühstück geht's nicht!   **17**

D *Ein Wetterbericht!* Schauen Sie sich zuerst die Karte von Deutschland an. Dann machen Sie die folgenden Übungen. *(Look at the map of Germany first. Then do the following exercises.)*

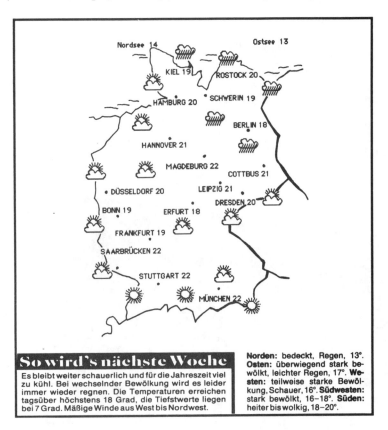

So wird's nächste Woche

Es bleibt weiter schauerlich und für die Jahreszeit viel zu kühl. Bei wechselnder Bewölkung wird es leider immer wieder regnen. Die Temperaturen erreichen tagsüber höchstens 18 Grad, die Tiefstwerte liegen bei 7 Grad. Mäßige Winde aus West bis Nordwest.

Norden: bedeckt, Regen, 13°. **Osten:** überwiegend stark bewölkt, leichter Regen, 17°. **Westen:** teilweise starke Bewölkung, Schauer, 16°. **Südwesten:** stark bewölkt, 16–18°. **Süden:** heiter bis wolkig, 18–20°.

Zum Wetterbericht, 1. Teil: das Wetter heute. Wie ist das Wetter in Berlin? Berlin ist im Norden Deutschlands. Schreiben Sie einige Stichwörter. *(How is the weather in Berlin? Berlin is in the northern part of Germany. Write a few key words.)*

_____   _____

_____   _____

_____   _____

Wählen Sie das Wort, das am besten paßt. Kreisen Sie den Buchstaben ein. *(Choose the word that best completes the following statements. Circle the letter.)*

1. In _____ scheint die Sonne.

   a. München   b. Berlin   c. Schwerin

2. In _____ regnet es.

   a. Dresden   b. Berlin   c. Düsseldorf

3. Die Temperaturen in Hannover sind _____ Grad Celsius.

   a. 22   b. 19   c. 21

Zum Wetterbericht, 2. Teil: das Wetter nächste Woche. Jetzt lesen Sie „So wird's nächste Woche" im Wetterbericht. Es macht nichts, wenn Sie nicht ganz alles verstehen. Dann kreuzen Sie alle Wörter an, die zum Text passen. *(Now read "This is how it is going to be next week" in the weather report. It doesn't matter if you don't understand all the words. Then check all the words that go with the text.)*

_____ 1. sonnig *(sunny)*   _____ 5. heiter *(clear)*

_____ 2. bewölkt *(cloudy)*   _____ 6. regnerisch *(rainy)*

_____ 3. warm   _____ 7. heiß

_____ 4. kühl   _____ 8. windig *(windy)*

Zum Video

VOKABULAR

Substantive

das **Brötchen, -**	breakfast roll
das **Ei, -er**	egg
die **Erdbeermarmelade, -n**	strawberry preserves
das **Frühstück**	breakfast
der **Regenschirm, -e**	umbrella
der **Wetterbericht, -e**	weather report
die **Wurst, ̈-e**	sausage

Verben

auf·stehen	to get up
brauchen	to need
regnen	to rain
wecken	to wake someone up
wissen (weiß)	to know

Adjektive und Adverbien

selbstgemacht	home-made
wenigstens	at least

Andere Wörter und Ausdrücke

Du hast recht.	You're right.
Ich bin spät dran!	I'm late!
Ohne Frühstück geht's nicht!	You can't go without breakfast!
Um Gottes Willen!	For heaven's sake!
Ich muß weg!	I have to leave!

Ohne Frühstück geht's nicht!   **19**

Kulturelle Welle   (06:40)

A *Frühstück bei Bachmanns.* Was ißt die Familie Bachmann zum Frühstück? Schauen Sie sich diesen Videoteil an. Dann machen Sie eine Liste auf deutsch oder auf englisch. *(What does the Bachmann family eat for breakfast? Look at this segment of the video. Then make a list in German or in English.)*

_____   _____

_____   _____

_____   _____

_____   _____

Live: Ohne Frühstück geht's nicht!

Erster Teil   (07:20)

B *Ein Gespräch.* Schauen Sie sich den Videoteil an. Dann schreiben Sie die fehlenden Wörter in den Dialog. *(Watch this segment of the video. Then write the missing words in the dialogue.)*

Stefan: Es ist _____ (1) Uhr. Wo ist eigentlich Katrin?

Großvater: Sie _____ (2) noch.

Mutter: Tschüß _____ (3)! Ich muß jetzt gehen.

Stefan: Ich muß auch gehen.

Harald: Ich geh' Katrin _____ (4), ja?

C *Zum Videoteil.* Beantworten Sie die folgenden Fragen. Kreisen Sie den richtigen Buchstaben ein. *(Answer the following questions. Circle the correct letter.)*

1. Wer weckt *(wakes)* Katrin?

   a. Stefan   b. die Mutter   c. Harald

2. Wie spät ist es?

   a. Es ist sieben Uhr.   b. Es ist acht Uhr.   c. Es ist neun Uhr.

Zweiter Teil   (07:56)

D *Rollenspiel.* Spielen Sie die Rolle von Katrin oder Harald. Was antworten Sie dem Großvater? *(Play Katrin's or Harald's role. How do you answer the grandfather?)*

der Großvater

_____ 1. Setzen Sie sich, Fräulein. Ihr Frühstück.

_____ 2. Nimm doch ein Brötchen mit. Später wirst du sicher hungrig.

_____ 3. Möchten Sie eine Tasse Tee oder Kaffee?

_____ 4. Sie sollten aber einen Regenschirm mitnehmen. Heute regnet es.

Katrin oder Harald

a. Du hast recht!

b. Ich muß weg.

c. Glauben Sie?

d. Eine Tasse Kaffee, bitte.

E *Zum Videoteil.* Sind die folgenden Sätze richtig oder falsch? Kreisen Sie R oder F ein. *(Are the following statements true or false? Circle R or F.)*

1. Katrin will kein Frühstück essen. Sie ist spät dran und muß weg.   R   F

2. Der Großvater sagt, ohne Frühstück geht's gut.   R   F

3. Katrin trinkt Kaffee.   R   F

4. Katrin hat ein Seminar um zehn. Sie muß vorher ein Buch kaufen.   R   F

5. Im Wetterbericht *(weather report)* steht, es regnet heute.   R   F

6. Katrin nimmt Großvaters Regenschirm nicht.   R   F

Dritter Teil   (09:22)

F *Katrin bei der Bushaltestelle.* Beschreiben Sie die Szene. Schreiben Sie drei kurze Sätze auf deutsch oder auf englisch. *(Describe the scene. Write three short sentences in German or in English.)*

_____

_____

_____

_____

Ohne Frühstück geht's nicht!   **21**

G *Zum Videoteil.* Hier sind vier Sätze zu diesem Videoteil. Kreuzen Sie die an, die passen. *(Here are four sentences about this video segment. Check those that apply.)*

_____ 1. Katrin ist vor *(in front of)* der Haustür. Sie möchte den Regenschirm.

_____ 2. Der Großvater ist im Garten.

_____ 3. Katrin kauft ein Buch an der Universität.

_____ 4. Der Großvater gibt Katrin den Regenschirm.

Graphik   (09:42)

Aufforderungen (*Commands*)

In this segment you will see a graphic review of German breakfast vocabulary, followed by several requests for specific breakfast foods. Some of these commands are formal („Geben Sie mir ...!") and others are informal („Gib mir . . . !"). „Ich möchte . . ." is another polite way of asking for something. Watch the graphic review section carefully, then do the exercise below.

H **Aufforderungen!** Folgen Sie dem Beispiel! *(Follow the model!)*

BEISPIEL: **ein Brötchen**
                 Stefan sagt zum Großvater: „Gib mir bitte ein Brötchen!"   *oder*
                                                „Ich möchte ein Brötchen!"

1. **die Marmelade**
   Katrin sagt zu Frau Bachmann:

   _____!

2. **das Brot**
   Sabrina sagt zu Stefan:

   _____!

3. **die Wurst**
   Großvater sagt zu Harald:

   _____!

4. **ein Ei**
   Herr Bachmann sagt zu Frau Bachmann:

   _____!

5. **der Kaffee**
   Katrin sagt zum Großvater:

   _____!

Zur Kultur

Sie wollen nicht mehr essen; dann sagen Sie: „Ich bin satt!"°   *I am full!*

Welle Magazin   (11:00)

Frühstück in der Stadt

I *In der Stadt essen.* Welche Wörter oder Phrasen sehen Sie im Welle Magazin? Kreuzen Sie sie an. *(Which words or phrases do you see in this segment of the video? Check them.)*

_____ 1. zum Imbiss

_____ 2. Coca Cola

_____ 3. Baguette und Brötchen

_____ 4. Café Kranzler

_____ 5. Stehcafé für Kenner

_____ 6. Konditorei

_____ 7. Cafeteria

_____ 8. Frühstück von morgens bis abends

J *Definitionen.* Welche Definition paßt zu welchem Wort? *(Which definition goes with which word?)*

_____ 1. zum Imbiss

_____ 2. Stehcafé für Kenner

_____ 3. Konditorei

a. Die Leute sitzen an kleinen Tischen. Sie trinken Kaffee und sie essen Kuchen.

b. Dort kaufen die Leute Hamburgers und Coca Cola.

c. Die Leute trinken Kaffee und essen ein Brötchen im Stehen *(standing)*. Sie sind in Eile.

K *Ihre Meinung* (opinion). Sie sind in der Stadt Berlin. Es ist zehn Uhr morgens. Sie sind hungrig. Wo essen Sie? Beim Imbiss, im Stehcafé für Kenner oder in der Konditorei? Warum?

_____

_____

_____

_____

Nach dem Video

A *Die Familie Bachmann beim Frühstück.* Hier sind zwei Lesetexte. Nur einer paßt zum Video. Lesen Sie sie und dann kreuzen Sie den richtigen Lesetext an Unterstreichen Sie die Fehler im falschen Text. *(Here are two reading passages. Only one goes with the video. Read them and then check the correct reading passage and underline the mistakes in the incorrect one.)*

_____ 1. Die Familie Bachmann ißt Frühstück. Katrin schläft noch und Harald weckt sie. Katrin will kein Frühstück essen: sie ist spät dran und sie muß noch ein Buch kaufen. Aber der Großvater sagt, sie soll nicht ohne Frühstück weg. Katrin ißt ein Brötchen und trinkt Kaffee. Heute ist der Wetterbericht nicht gut. Es soll regnen und der Großvater sagt, Katrin soll den Regenschirm mitnehmen. Katrin will aber nicht. Bei der Bushaltestelle *(bus stop)* wird sie naß *(wet)*.

_____ 2. Die Familie Bachmann ißt Frühstück. Katrin schläft noch und Harald weckt sie. Katrin will frühstücken. Der Großvater sagt, man soll nicht ohne Frühstück weg. Katrin ißt ein Brötchen und trinkt Tee. Heute ist der Wetterbericht nicht gut. Es soll regnen und der Großvater sagt, Katrin soll den Regenschirm mitnehmen. Katrin nimmt den Schirm, sagt vielen Dank und geht zu der Bushaltestelle *(bus stop)*. Es regnet.

B *Vokabular.* Setzen Sie die richtigen Wörter oder Phrasen aus der folgenden Liste in die Lücken ein. *(Fill in the blanks with the correct words or phrases from the following list .)*

Du hast recht	Guten Appetit	Brot	Ei
Um Gottes Willen	Regenschirm	weckt	

1. Herr Bachmann ißt zum Frühstück ein _____.

2. Harald _____ Katrin. Katrin sagt: „_____! Schon acht Uhr? Ich muß weg!"

3. Der Großvater sagt, Harald soll ein Brötchen mitnehmen. Harald sagt: „_____".

4. Der Großvater liest den Wetterbericht. Es soll heute regnen. Er sagt Katrin, sie soll den _____ mitnehmen.

5. Die Deutschen essen fast zu jeder Mahlzeit *(meal)* _____.

6. In Deutschland sagt man „_____" vor dem Essen.

C *Zum Schreiben!* Wählen Sie ein Thema. *(Choose one topic.)*

1. Write a short description of the current weather conditions.

2. You are the working parent of an active teenager. Write your child a short note, telling him/her what to eat for breakfast this morning.

_____

_____

_____

_____

_____

_____

_____

D *Situationen!* Spielen Sie diese Situationen mit einem Partner oder einer Partnerin. *(Enact these situations with a partner.)*

1. Order your breakfast in a restaurant.

2. It's late fall, and a friend from Germany telephones to say that he/she is coming to visit. Describe the weather in your area and advise him/her on what to bring.

3. Ask a friend or a relative (your grandmother, for example) what his/her plans are for the day.

3   Wie war deine Vorlesung?   (11:55)

Vor dem Video
Einführung

Personen

Stefan	
Katrin	
Su-Sin	*Eine Medizinstudentin*
Peter	*Ein Student (Jeansjacke)*
Johannes	*Ein Student (weißes T-Shirt)*
Professor Klemm	*Ein Mathematikprofessor*

A   *Aus dem Video.* Oben ist eine Szene aus dem Video. Beantworten Sie die folgenden Fragen.

1. Wie viele Leute sind im Bild? Wie viele Frauen? Wie viele Männer?

   _____

2. Beschreiben Sie die Leute im Bild: Wer sind sie? Wie alt sind sie? Wie sehen sie aus?

   _____

3. Wo sind die jungen Leute? Warum wissen Sie das?

   _____

4. Was machen die jungen Leute in diesem Bild?

   _____

5. Könnte *(could)* das an Ihrer Universität sein? Warum? Warum nicht?

   _____

UNIVERSITÄTSVOKABULAR

Substantive

die **Bibliothek, -en**	library
das **Buch, ̈-er**	book
das **Fach, ̈-er**	subject, area of study
die **Fremdsprache, -n**	foreign language
das **Hauptfach, ̈-er**	main subject
die **Klausur, -en**	exam, test
die **Mensa,** die **Mensen**	student cafeteria or restaurant
das **Studium,** die **Studien**	studies
die **Universität, -en** (die **Uni, -s**)	university
die **Vorlesung, -en**	lecture

Verben

lernen	to learn
studieren	to study

Kulturelle Welle

B *Lesetext!* Lesen Sie den folgenden Absatz, dann beantworten Sie die Fragen.

Deutsche Studenten

Deutsche Studenten sind viel unabhängiger als° amerikanische Studenten. Sie können zu ihren Vorlesungen gehen oder sie können ihre Vorlesungen schwänzen;° niemand kontrolliert das. Die Vorlesungen sind in großen Hörsälen.° Nur am Ende des Studiums° gibt es kleinere° Seminare. In deutschen Universitäten gibt es nicht so viele Klausuren wie in Amerika. Am Ende des Studiums haben die Studenten große schriftliche und mündliche Prüfungen.°

viel . . . *more independent than*

skip
lecture halls / **am** . . . *at the end of one's studies* / *smaller*

schriftliche . . . *written and oral exams*

Sind die folgenden Sätze richtig oder falsch? Kreisen Sie R oder F ein.

1. Deutsche Studenten müssen zu ihren Vorlesungen gehen.   R   F

2. Ein deutscher Student schreibt mehr Klausuren als ein amerikanischer.   R   F

3. Am Ende des Studiums haben die deutschen Studenten große Prüfungen *(exams)*.   R   F

C *Die Freie Universität Berlin.* Unten sehen Sie eine Karte der Freien Universität Berlin (FU). Finden Sie auf dieser Karte die Mensa, das Sprachlabor, das Immatrikulationsbüro, die Universitätsbibliothek (UB) und das Studentenwerk! Kreisen Sie die Gebäude ein. Dann vergleichen Sie Ihre Karte mit der Karte eines anderen Studenten. *(Below is a map of the Freie Universität Berlin (FU). Find on the map the student cafeteria, the language lab, the registrar's office, the library, and the student office. Circle the buildings. Then compare your map with the map of another student.)*

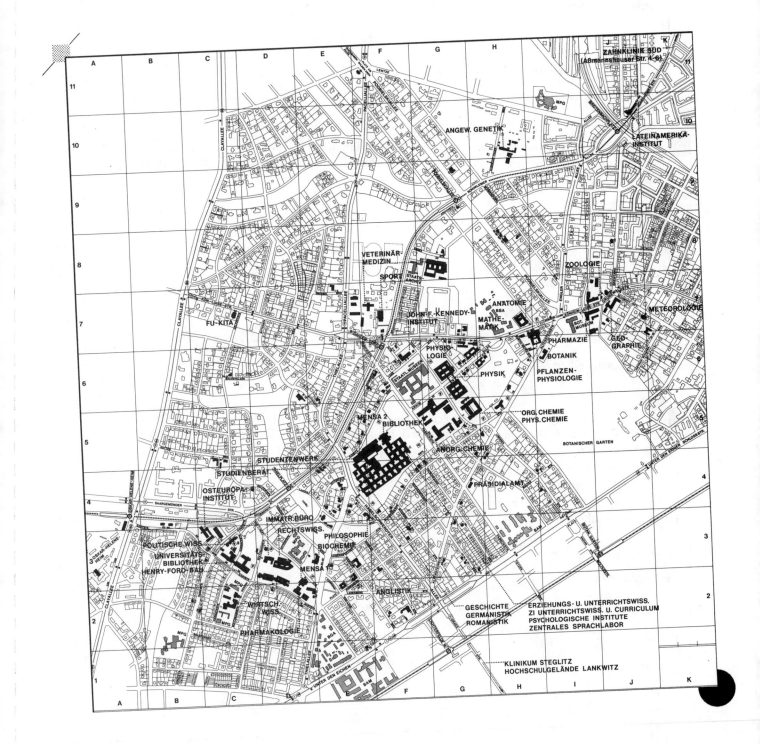

Die Immatrikulation ist die offizielle Einschreibung° an der
Universität.   *registration*

Die Mensa ist das Universitätsrestaurant. Dort kann man sehr
billig essen. Studenten mit wenig Geld können kostenlos° an   *for free*
den „Freitischen" essen.

Im Studentenwerk bekommt der Student Informationen über
Wohnungen, Jobs, Krankenversicherung° und Studentenreisen.   *health insurance*
Das Studentenwerk organisiert auch die Mensa.

D ***An der Universität.*** Sie studieren an einer deutschen Universität. Schreiben Sie auf, wohin Sie gehen
sollen, um die folgenden Sachen zu tun. *(You are studying at a German university. Write where you
should go to do the following things.)*

Sie wollen . . .

1. eine Fremdsprache lernen   _____

2. essen   _____

3. immatrikulieren *(to register)*   _____

4. Information über die Uni bekommen _____

5. ein Buch ausleihen *(to borrow)* _____

E ***Studienfächer.*** Was kann man an der Freien Universität Berlin (FU) studieren? Suchen Sie auf der Karte
auf Seite 29. Was fehlt in der folgenden Tabelle? Schreiben Sie einige der fehlenden Studienfächer in die
Lücken. *(What can one study at the Freie Universität Berlin (FU)? Look at the map on page 29. What's
missing in the following table? Fill in the blanks with some of the missing subjects.)*

Rechtswissenschaften *(law)*	Anorganische Chemie	Zoologie
_____(1)Wissenschaften	Physische Chemie	Anatomie
Veterinärmedizin	_____(2)	Germanistik
_____(3)	Pharmakologie	Botanik
Physik	Geschichte	_____(4)
Romanistik	Wirtschaftswissenschaften *(economics)*	

F *Ihre amerikanische Universität.* Beantworten Sie die folgenden Fragen.

1. Beschreiben Sie Ihre Universität! Wie sieht sie aus? Welche Gebäude *(buildings)* gibt es?

   _____

   _____

   _____

2. Was kann man an Ihrer Universität studieren? Was studieren Sie? Ihre Kommilitonen / Kommilitoninnen *(fellow students)*?

   _____

   _____

   _____

G *Ein Studentenausweis.* Schauen Sie sich den Studentenausweis an. Dann beantworten Sie folgende Fragen.

FREIE UNIVERSITÄT BERLIN

Studentinnen-
Studenten- Ausweis   SOMMER -Semester 91
Gültig vom: 01.04.91 bis 30.09.91
Gilt in Verbindung mit dem Personalausweis bzw. Reisepaß.

Name, Vorname:
Bachmann, Stefan

Geburtsdatum: 09.03.69   Matrikelnummer: 2696214

V 2696214

- - - - - - - - - - - bitte nur hier falten - - - - - - - - - -

Studiengang/Teilstudiengänge   Fachsemester
Mathematik   01

Fachbereich bzw. Zentralinstitut   WE
Erziehungs- und Unterrichtswissenschaften
Weiterer Studiengang   Fachsemester

Diese Bescheinigung wurde per Computer erstellt und ist ohne Unterschrift der
ausstellenden Behörde gültig. Zusätzliche Änderungen bedürfen der Bestätigung
durch das Immatrikulationsbüro.
Die Unterschrift schließt die Anerkennung der gültigen Benutzungsordnungen
der FU-Bibliotheken m ein.

Feld für BVG   Unterschrift der Studentin / des Studenten

1. Wie heißt der Student?

   _____

2. Wann ist er geboren *(was born)*?

   _____

Wie war deine Vorlesung?   **31**

3. Wie ist seine Matrikelnummer *(student ID number)*?

_____

4. Was studiert der Student?

_____

5. In welchem *(which)* Fachsemester *(semester in one's major field of study)* ist er?

_____

6. Für welches Semester ist der Ausweis?

_____

7. Wie lange ist der Ausweis gültig *(valid)*?

_____

H **Die Buchausleihe.** Hier ist ein Bestellschein. Schauen Sie ihn an, dann beantworten Sie die folgenden Fragen. *(Here is a book request slip. Look at it carefully, then answer the following questions.)*

Bearbeitungs-vermerke:	UNIVERSITÄTSBIBLIOTHEK DER FU BERLIN	BESTELLSCHEIN
Signatur/Bandangabe falsch bzw. fehlt	Bitte mit Kugelschreiber ausfüllen! Kräftig aufdrücken!	
Selbstausleihe aus dem Offenen Magazin	**SIGNATUR:**	
nicht am Standort:	Verfasser: Richard H. Strauss	Bandangabe: Stuttgart : bei Zeitschriften Enke, 1983 auch Jahr:
im Lesesaal-Handapparat Nr.	Sachtitel oder Titel der Zeitschrift: Sportmedizin und Leistungsphysiologie	
im Lesesaal	Name des Benutzers in Druckschrift W A N G	Matrikel-/Benutzerkarten-Nr.
verliehen	Vorname SU - SIN	3 4 7 7 6 1 1
in Zeitschriften-stelle nachfragen	Adresse (Nur Benutzer ohne Matrikel-/Benutzerkarten-Nr.) BÄRENSTRAßE 49	1000 Berlin
Anzahl der Bände:		
bereitgestellt am:	Falls für den **Lesesaal**, hier ☒ ankreuzen	Su-Sin Wang Unterschrift

1. Wer leiht ein Buch aus *(borrows)*?

   _____

2. Wo wohnt die Studentin?

   _____

3. Wie ist ihre Matrikelnummer?

   _____

4. Wie heißt das Buch?

   _____

5. Wer hat das Buch geschrieben?

   _____

Zur Kultur

Mit dem Studentenausweis kann ein Student Bücher in der Bibliothek ausleihen.° Die Bücher kann man aber nicht selber holen.° Man muß sie bei der Buchausleihe bestellen.°

borrow

get, fetch / order

Zum Video

VOKABULAR

Substantive

das **Fachsemester, -** semester in one's major field
die **Klausur, -en** exam, test
die **Vorlesung, -en** lecture

Verben

pauken to cram before an exam

Adjektive und Adverben

erst first; only
langweilig boring

Andere Wörter und Ausdrücke

Echt?	Really?
Entschuldigung!	Excuse me!
Ich habe (so) die Nase voll!	I've (really) had it! I am (really) fed up!
Ich habe heute abend nichts vor.	I have no plans for tonight.
Ist hier noch frei?	Is this seat taken?
Setz dich doch!	Sit down!
Tut mir leid!	I'm sorry!
Viel Spaß!	Have fun!

Kulturelle Welle   (12:00)

A *An der Universität.* Was fällt Ihnen an diesem Videoteil über die Universität auf? Schreiben Sie vier interessante Sachen auf. *(What do you notice about the university in this video segment? Write four interesting things.)*

_____

_____

_____

_____

Live: Wie war deine Vorlesung?

Erster Teil   (12:40)

B *Ein Gespräch.* Schauen Sie sich den Videoteil an. Dann schreiben Sie die fehlenden Wörter in den Dialog.

Stefan: Woher _____ (1) du?

Su-Sin: Aus Beijing.

Stefan: Aus _____ (2) ? Woher kannst du so gut Deutsch?

Su-Sin: Meine Familie wohnt seit _____ (3) Jahren in Berlin.

Stefan: Und was studierst du?

Su-Sin: Ich studiere _____ (4). Ich bin im zweiten Fachsemester.

Stefan: Deshalb machst du auch _____ (5).

Su-Sin: Was studierst du denn?

Stefan: Ich mach' _____ (6), im ersten Semester.

Zweiter Teil   (13:25)

C *In der Bibliothek.* Wer spricht da? Schreiben Sie die Namen auf.

Su-Sin   Stefan   Katrin   Peter   Johannes

1. Wie war deine Vorlesung heute?   _____

2. Ich hab' so die Nase voll!   _____

3. Wie lange seid ihr denn schon in der Bibliothek? _____

4. Was macht ihr denn heute abend?   _____

5. Wir können ja ins Kino gehen.   _____

6. Ich habe heute abend nichts vor.   _____

D *Zum Videoteil.* Beantworten Sie folgende Fragen.

1. Was sagt Stefan über die Vorlesung mit Professor Klemm?

   _____

2. Wie findet Su-Sin Berlin?

   _____

3. Was macht Katrin in der Bibliothek?

   _____

4. Was schreibt Stefan nächste *(next)* Woche?

   _____

5. Was machen die Studenten heute abend?

   _____

Zur Kultur

Der Italiener ist ein italienisches Restaurant.

Kreuzberg ist ein interessanter Stadtteil in Berlin; viele Gastarbeiter wohnen dort.

Dritter Teil   (14:47)

E *Auf der Treppe.* Was ruft Stefan den Studenten zu? Schreiben Sie auf, was er sagt. *(What does Stefan call to the students? Write what he says.)*

_____

_____

F *Zum Videoteil.* Hier sind vier Sätze zu diesem Videoteil. Kreuzen Sie die an, die passen. *(Here are four sentences about this video segment. Check those that apply.)*

_____ 1. Stefan sitzt in der Bibliothek und macht noch Mathematik.

_____ 2. Stefan trifft *(meets)* Professor Klemm auf der Treppe.

_____ 3. Stefan ist verlegen *(embarrassed).*

_____ 4. Die Studenten essen beim Italiener.

Zur Kultur

Studenten in Deutschland *siezen* ihre Professoren. Sie sagen zum
Beispiel „Herr Professor Klemm, kann ich Sie sprechen°?"   *Can I speak with you?*

Graphik   (15:05)

Wechselpräpositionen (Two-way prepositions)

In this segment you will see a graphic review of *two-way prepositions*, which are generally used to express spatial relationships. Two-way prepositions may be followed by an accusative object if the phrase expresses movement toward a destination (think of *action* as *accusative*). If the phrase indicates a *location*, the two-way preposition is followed by an object in the *dative* case. Watch the graphic review section carefully, then do the following exercise.

G *In der Bibliothek.* Stefan stellt Su-Sin viele Fragen. Schreiben Sie ihre Antworten auf. *(Stefan asks Su-Sin a lot of questions. Write her answers.)*

1. Wo sind meine Mathematikbücher? (in / deine Mappe) *(bag, briefcase)*

_____

2. Wohin soll ich meine Jacke legen? (auf / dieser Stuhl)

_____

3. Wo sind die Notizen (*notes*) von Professor Klemms Vorlesung? (neben / die Bücher)

_____

4. Wo ist mein Kugelschreiber? (unter / der Schreibtisch)

_____

5. Wo willst du heute essen? (in / die Mensa)

_____

6. Wohin gehst du heute abend? (in / das Kino)

_____

Kultur

Die Studenten in Deutschland tragen ihre Bücher in einem
Rucksack,° in einer Mappe° oder in einer Tasche.°   *backpack / briefcase / bag*

Welle Magazin   (16:50)

Am Abend in der Stadt

H *Nach der Vorlesung.* Was machen deutsche Studenten am Abend? Kreuzen Sie an, was Sie im Welle Magazin sehen. *(What do German students do in the evening? Check the activities that you see in this segment of the video.)*

_____ 1. Sie gehen ins Theater am Kurfürstendamm oder ins Schiller Theater.

_____ 2. Sie gehen in den Film Palast (ein Kino).

_____ 3. Sie gehen in der Stadt spazieren.

_____ 4. Sie fahren mit dem Motorrad *(motorcycle)*.

_____ 5. Sie tanzen in der Disco.

_____ 6. Sie essen in einem Restaurant.

Nach dem Video

A   *In der Bibliothek.* Die folgenden Sätze sind durcheinander. Finden Sie die richtige Reihenfolge!
(The following sentences are scrambled. Number them in the correct sequence.)

_____ a.   Die Studenten wollen am Abend ins Kino gehen.

_____ b.   Stefan will nicht gehen: er muß nächste Woche eine Klausur schreiben.

_____ c.   Sie ist Medizinstudentin und macht Biologie.

_____ d.   Katrin und ihre Freunde sehen Stefan und Su-Sin in der Bibliothek.

_____ e.   Stefan sagt, Professor Klemm ist langweilig.

_____ f.   Stefan geht zur Bibliothek: er muß Mathematik machen.

_____ g.   Dann packt er seine Tasche und läuft den Studenten nach *(follows)*.

_____ h.   Auf der Treppe sieht er Professor Klemm.

_____ i.   In der Bibliothek spricht er mit Su-Sin: sie sitzt auch am Tisch.

B   *Ein Gespräch.* Lesen Sie jeden Satz auf der linken Seite. Dann finden Sie die richtige Antwort auf der rechten Seite. *(Read each sentence on the left. Then find the most appropriate response on the right.)*

_____ 1.   Wie war die Vorlesung mit Professor Klemm?   a.   Echt?

_____ 2.   Ist hier noch frei?   b.   Ich habe so die Nase voll!

_____ 3.   Ich muß den ganzen Abend pauken.   c.   Ja, ich habe heute abend nichts vor!

_____ 4.   Ich wohne schon zwei Jahre in Berlin.   d.   Ach, das tut mir leid!

_____ 5.   Kommst du mit ins Kino?   e.   Ja, bitte setz dich doch!

C   *Zur Kultur.* Sind die folgenden Sätze richtig oder falsch? Kreisen Sie R oder F ein.

1. Ein Student hat Hunger. Er kann in der Mensa für nicht viel Geld essen.   R   F

2. Mit dem Studentenausweis kann man Bücher in der Bibliothek ausleihen *(borrow).* R   F

3. Die Telefonnummer steht im Studentenausweis.   R   F

4. Im Studentenwerk kann man Information über das Wetter bekommen.   R   F

D *Ein Bestellschein für die Bibliothek.* Füllen Sie ihn aus! *(Fill out the book order slip for the library.)*

Bearbeitungs-vermerke:	UNIVERSITÄTSBIBLIOTHEK DER FU BERLIN	BESTELLSCHEIN
Signatur/Bandangabe falsch bzw. fehlt		
Selbstausleihe aus dem Offenen Magazin		
nicht am Standort:		

Bitte mit Kugelschreiber ausfüllen! Kräftig aufdrücken!

SIGNATUR:

Verfasser:

Bandangabe:

bei Zeitschriften auch Jahr:

Sachtitel oder Titel der Zeitschrift:

im Lesesaal-Handapparat Nr.

im Lesesaal

Name des Benutzers in Druckschrift

verliehen

Vorname

Matrikel-/Benutzerkarten-Nr.

in Zeitschriften-stelle nachfragen

Anzahl der Bände:

Adresse (Nur Benutzer ohne Matrikel-/Benutzerkarten-Nr.)

bereitgestellt am:

Falls für den **Lesesaal,**

hier ☐ ankreuzen

Unterschrift

E *Zum Schreiben!* Wählen Sie ein Thema. *(Choose one topic.)*

1. Write a short note to a classmate with whom you had planned to see a movie. Apologize and tell him/her that you have to study in the library instead.

2. Describe your favorite professor.

3. Describe what students at your university do on a typical Wednesday night.

_____

_____

_____

_____

_____

_____

_____

_____

F *Situationen!* Spielen Sie diese Situationen mit einem Partner oder einer Partnerin. *(Enact these situations with a partner.)*

1. Introduce yourself to a new student and find out all you can about him/her.

2. In the video you saw some of the things that a German student might do in his/her free time. Choose one of those activities and convince a classmate to join you in that activity.

3. A foreign student is visiting your campus. He/she would like to know what your university is like and what subjects or fields he/she can study.

4 Gehen wir doch einkaufen! (17:26)

Vor dem Video
Einführung

Personen

Stefan
Katrin
Verkäuferin   *im Tante Emma Laden (mom-and-pop store)*
Verkäufer   *auf dem Türkenmarkt*

A *Einkaufen in Berlin.* Wählen Sie die beste Antwort. Kreisen Sie den Buchstaben ein.

1. Was zeigt das Foto?

   a. ein Café

   b. ein modernes Kaufhaus
   (*department store*)

   c. ein kleines Geschäft (*store*)

   d. einen modernen Supermarkt

2. Wie alt ist die Verkäuferin?

   a. dreißig Jahre alt

   b. vierzig Jahre alt

   c. zwanzig Jahre alt

   d. sechzig Jahre alt

3. Wie sieht sie aus?

   a. sympathisch

   b. böse

   c. gestreßt

   d. müde

4. Was kann man wahrscheinlich in diesem Geschäft kaufen? (Mehr als (*than*) eine
   Antwort ist möglich.)

   a. Wurst

   b. Käse

   c. Brot

   d. Seife (*soap*)

Zur Kultur

Der Laden auf dem Foto ist ein *Tante Emma Laden*. Ein Tante
Emma Laden ist ein kleines Geschäft. Man kann dort fast alles
kaufen: zum Beispiel Fleisch, Wurst, Brot, Käse, Getränke° und
Süssigkeiten.° Ein Tante Emma Laden ist ein Familiengeschäft in
einer ruhigen Gegend.° Man nennt den Laden *Tante Emma*, weil
oft eine Frau die Besitzerin° ist.

beverages
candy
ruhigen . . . *quiet neighborhood*
owner

VOKABULAR ZUM EINKAUFEN

Substantive

das **Gramm, -**	gram
der **Käse**	cheese
das **Kilogramm, -**	kilogram
der **Laden, ¨**	store
der **Liter, -**	liter
die **Wurst, ¨e**	sausage, cold cuts

Verben

ein·kaufen	to shop; to buy

Andere Wörter und Ausdrücke

Ich möchte gern . . .	I would like . . .
Was wünschen Sie bitte? / Was darf's sein?	What would you like?
Sonst noch etwas?	Anything else?
Das ist alles. / Das war es.	That is all.

Kulturelle Welle

B *Öffnungszeiten* (*business hours*). Lesen Sie den folgenden Absatz.

Aber nicht am Sonntag!

Die meisten Geschäfte in Deutschland machen morgens um acht
Uhr auf und machen abends um siebzehn oder achtzehn Uhr wieder
zu. Kleine Geschäfte machen eine Mittagspause zwischen 12 und 2
Uhr. Am Samstag schließen die Geschäfte um zwölf Uhr. Der *lange
Samstag* ist eine Ausnahme.° Einmal im Monat° sind die Geschäfte
am Samstag bis achtzehn Uhr geöffnet.° Am Sonntag sind alle
Geschäfte geschlossen.

exception / **einmal** . . . *once a month*
open

Zum Lesestück. Dieses Schild (*sign*) hängt an der Ladentür. Füllen Sie es aus (*fill out*).

Latzelsberger Feinkost°

fine foods

Öffnungszeiten:

Montag bis _____	8–18 Uhr
Mittagspause	12–_____ Uhr
Samstag	_____–12 Uhr
Langer Samstag	8–_____ Uhr
_____	geschlossen

C Ein Plakat (poster) in der Metzgerei (butcher shop). Lesen Sie den Text im Plakat, dann beantworten Sie die Fragen.

nach Thüringer Art   *Thuringian style*   **nach bayerischer Art**   *Bavarian style*

Zur Kultur

Thüringen ist eines der fünf neuen Bundesländer. Bayern liegt im Süden Deutschlands.

Zum Plakat. Beantworten Sie die Fragen.

1. Welche Wurst kann man zu Hause grillen? _____

2. Welche Wurst ißt man in Bayern? _____

3. Wieviel kosten 200 Gramm Rostbratwurst? _____ DM

D **Das metrische System.** Lesen Sie die Tabelle unten. Schreiben Sie die Abkürzungen (*abbreviations*) in die Lücken!

	pf	kg	l	gr	dl	ml		
1 Pfund	_____ = 500 Gramm				_____ = 1.1 pounds (U.S.)			
1 Kilogramm	_____ = 1000 Gramm				_____ = 2.2 pounds (U.S.)			
1 Liter	_____ = 10 Deziliter oder 1000 Milliliter				_____ = 2.1 pints (U.S.)			

oder:

1 ounce (U.S.) = 28,35 Gramm	1 pint (U.S.) = 0,47 Liter
1 pound (U.S.) = 0,45 Kilogramm	1 quart (U.S.) = 0,95 Liter
1 gallon (U.S.) = 3, 8 Liter	

Beim Einkauf. Wieviel ist richtig? Diskutieren Sie. Dann schreiben Sie die Maßangaben (*units of measure*) auf.

1. Sauerkraut   für vier Erwachsene (*adults*)   _____

2. Salami   nur für Sie   _____

3. Emmenthaler   für eine Familie mit zwei Kindern   _____

4. Milch   nur für den Frühstückskaffee   _____

5. Benzin   für Ihren VW   _____

6. Brot   für die Großmutter von Rotkäppchen
               (*Little Red Riding Hood*)   _____

E   *Ein Gespräch im* **Tante Emma Laden.** Lesen Sie das Gespräch.

Verkäuferin: Guten Tag! Was darf's sein?

Kunde: Guten Tag! Ich möchte 200 Gramm italienische Salami.

Verkäuferin: In Scheiben (*slices*) oder im Stück (*one piece*)?

Kunde: In Scheiben bitte.

Verkäuferin: Sonst noch etwas?

Kunde: Nein danke! Das ist alles.

Verkäuferin: Das macht 7,50 DM.

Kunde: Vielen Dank. Auf Wiedersehen!

Verkäuferin: Auf Wiedersehen!

Zum Gespräch. Sind die folgenden Sätze richtig oder falsch? Kreisen Sie R oder F ein.

1. Der Kunde kauft ein halbes Pfund Salami.   R   F

2. Die Verkäuferin fragt, ob der Kunde die Salami aus Bayern möchte.   R   F

3. Der Kunde möchte auch Apfelsaft (*apple juice*) kaufen.   R   F

4. 200 Gramm Salami kosten in diesem Geschäft etwa $ 4.50.   R   F
     (1 $ = etwa (*approximately*) 1,70 DM)

Zum Video

VOKABULAR

Substantive

die **Flasche, -n**	bottle
die **Leberwurst, ̈e**	liverwurst
der **Markt, ̈e**	market
die **Metzgerei, -en**	butcher shop
der **Orangensaft, ̈e**	orange juice
das **Picknick, -s**	picnic
die **Portion, -en**	portion (serving)
der **Türkenmarkt, ̈e**	Turkish market (open air)
die **Tüte, -n**	here: carton, container; also paper bag

Verben

ein·kaufen	to shop; to buy
ein·kaufen gehen, ging, ist gegangen	to go shopping
empfehlen, empfahl, hat empfohlen	to recommend
probieren	to try, sample
schmecken (*dative verb*)	to taste
wechseln	to change

Adjektive und Adverben

fein	fine
grob	coarse
offen	open

Andere Wörter und Ausdrücke

ein gegrilltes Hähnchen	a grilled (barbequed) chicken
Ich hätte gern . . .	I'd like . . .
Ganz lassen oder schneiden?	(Shall I) leave it whole or cut it?
Könnte ich . . . probieren?	Could I try . . . ?
Hab' ich passend.	I have the exact amount.
Paß mal auf!	Listen!
im Stück	a piece, uncut
Das war's.	That's all.
Sie wünschen bitte?	What would you like?

Kulturelle Welle   (17:30)

A ***Beim Einkaufen*** (*shopping*). Lesen Sie die folgenden Wörter. Dann kreuzen Sie an, was Sie in diesem Videoteil sehen.

_____ 1. Herrenkleider   _____ 5. Obst und Gemüse

_____ 2. Damenkleider (*ladies' clothing*)   _____ 6. Videofilme

_____ 3. Zeitungen   _____ 7. CD Platten

_____ 4. Spielzeuge (*toys*)   _____ 8. Computers

Live: Gehen wir doch einkaufen!

Erster Teil   (18:12)

B ***Vor dem Haus der Familie Bachmann.*** Hören Sie gut zu. *(Listen carefully.)* Dann schreiben Sie, was Stefan und Katrin zusammen tun! Wählen (*choose*) Sie drei Verben aus der Liste.

laufen   sprechen   stehen   einkaufen   gehen   sitzen

1. Katrin steht mit Stefan vor dem Haus der Familie Bachmann.

    Sie _____ zusammen .

2. Stefan und Katrin wollen zusammen _____ .

3. Sie _____ schnell durch die Straße, weil das Wetter schlecht wird.

C *Vor dem* Tante Emma Laden. Katrin liest die Einkaufsliste. Was muß sie kaufen? Schreiben Sie alles auf.

Zum Picknick

_____ Brot

_____ Leberwurst

200 gr. _____

_____

ein _____ Hähnchen

1. Was soll Stefan kaufen?

_____

2. Was will Katrin kaufen?

_____

Zweiter Teil   (18:49)

D *Ein Gespräch.* Sehen Sie sich diesen Videoteil an. Dann schreiben Sie die fehlenden Wörter in den Dialog.

Verkäuferin:	Guten Tag.
Katrin:	_____ (1)
Verkäuferin:	Sie wünschen bitte?
Katrin:	Ich hätte gern _____ (2). Welchen können Sie mir denn empfehlen?
Verkäuferin:	_____ (3), Edamer, Tilsiter . . .
Katrin:	Könnte ich ein Stück von dem Edamer probieren? . . .
	Jetzt hätte ich gern noch etwas _____ (4). Ich sehe da Salami,
	Jagdwurst, Leberwurst. _____ (5) Gramm feine Leberwurst, bitte! Im Stück. Und Brot . . .

Zur Kultur

Die Deutschen essen gern Wurst. Es gibt mehr als 1500
Wurstsorten° in Deutschland: roh,° gekocht oder geräuchert.°   *different kinds of sausages / raw /*
                                                                    smoked

E *Ein großes Angebot (choice).* Es gibt viele verschiedene (*different*) Käse-, Wurst-, oder Brotsorten in
Deutschland. Kennen Sie noch andere?

Käsesorten: Butterkäse, Edamer, Tilsitter, _____, _____.

Wurstsorten: Salami, Jagdwurst, Leberwurst, _____, _____.

Brotsorten: Sonnenblumenbrot, Vollkornbrot, _____, _____.

F *Gestreßt?* Das kann 'mal passieren! (*That can happen sometimes!*)

1. Fassen Sie zusammen (*summarize*). Was hat Katrin im Laden eingekauft?

_____   _____

_____   _____

_____   _____

2. Jetzt vergleichen (*compare*) Sie Ihre Liste in Übung F, 1 mit der Einkaufsliste in Übung C. Was hat
    Katrin im Tante Emma Laden falsch gemacht?

_____

_____

G *Die Rechnung* (*the bill*). Wieviel macht das? Schreiben Sie die fehlenden Wörter in den Dialog.

Katrin: Das war's!

Verkäuferin: Das macht bitte _____ (1) Mark _____ (2).

Katrin: Ich habe leider nur _____ (3) Mark.

Verkäuferin: Ich glaub' schon, ich kann's wechseln. Dankesehr!

H   *Vor der Metzgerei.* Wählen Sie die beste Antwort. Kreisen Sie den Buchstaben ein.

1. Wann macht die Metzgerei zu?

    a. um sechs Uhr   b. um halb sechs   c. um acht Uhr

2. Wie spät ist es jetzt?

    a. fünf vor sechs   b. fünf nach sechs   c. sechs Uhr

3. Die Metzgerei ist schon _____ .

    a. geschlossen   b. geöffnet   c. voll

4. Warum gehen Stefan und Katrin zum Türkenmarkt?

    a. Er hat länger offen als *(than)* die Metzgerei.

    b. Dort gibt es die besten Hähnchen.

    c. Katrin hat vergessen, Käse zu kaufen.

I   *Auf dem Türkenmarkt.* Lesen Sie jeden Satz auf der linken Seite. Dann suchen Sie die richtige Antwort auf der rechten Seite.

_____ 1. Hab' ich passend.   a. Das ist gut.

_____ 2. Wie teuer ist das denn?   b. Sechs Mark achtzig.

_____ 3. Ganz lassen oder schneiden?   c. Vielen Dank.

_____ 4. Da können wir noch gegrillte   d. Ganz lassen.
            Hähnchen kaufen.

Zur Kultur

> Der Türkenmarkt in Berlin liegt im Stadtteil Kreuzberg. Die meisten *(most)* Verkäufer und Verkäuferinnen auf dem Türkenmarkt kommen aus der Türkei *(Turkey)*.

Graphik   (20:45)

Maßangaben *(Measurements)*

This graphic segment will demonstrate several common expressions of weight, measure, or number used everyday in Germany. Note that unlike in English, German does not use a preposition (a cup of coffee = **eine Tasse Kaffee**). In addition, measurements with a masculine or neuter noun do not use the plural form (two pieces of cake = **zwei Stück Kuchen**). Watch this video segment, then do the exercise below.

J *Einkaufen.* Was möchten Sie? Schreiben Sie die richtigen Maßangaben in die Lücken.

milk: 1 glass   gasoline: 50 liters   sauerkraut: 3 kilograms   sausage: 350 grams

french fries: 2 servings   tea: four cups

1. Ich möchte _____ Milch!

2. _____ Benzin bitte!

3. Ich hätte gern _____ Sauerkraut.

4. Ich möchte _____ Wurst im Stück!

5. _____ Pommes Frites mit Mayonnaise!

6. Bringen Sie _____ Tee mit Zitrone bitte.

Welle Magazin   (21:57)

Einkaufen in Berlin

K *KaDeWe (Kaufhaus des Westens).* Welche Wörter sehen Sie in diesem Videoteil? Kreuzen Sie sie an.

_____ 1. Fun Fashion   _____ 4. Eingang   _____ 7. Kasse

_____ 2. Anprobe   _____ 5. Aufzüge   _____ 8. Parkhaus

_____ 3. Toiletten   _____ 6. Ausgang   _____ 9. Sparpreise

L *KaDeWe.* Was kann man im KaDeWe kaufen? Machen Sie eine Liste.

_____   _____   _____

_____   _____   _____

_____   _____   _____

_____   _____   _____

Zur Kultur

KaDeWe ist das größte Kaufhaus des Kontinents. Ungefähr°   *approximately*
70 000 Kunden kaufen jeden Tag dort ein.

Nach dem Video

 A *Einkauf zum Picknick.* Wohin gehören die Sätze? Setzen Sie die fünf Sätze an die richtige Stelle im Text. *(Where do the sentences belong? Put the five sentences in the right place in the text.)*

a. Dann gehen Stefan und Katrin zur Metzgerei.

b. Zum Glück kann die Verkäuferin wechseln.

c. Jetzt ist es schon fünf nach sechs.

d. Katrin hat es nicht passend.

e. Morgen gibt es ein Picknick.

(1) _____. Katrin und Stefan wollen im Tante Emma Laden einkaufen. Stefan soll den Orangensaft

holen *(get)*. Katrin will Käse, Leberwurst und Brot einkaufen. Alles zusammen macht acht Mark

fünfzig. (2) _____. Sie hat nur fünfzig Mark. (3) _____. (4) _____. Dort wollen sie ein gegrilltes

Hähnchen kaufen. Die Metzgerei schließt aber um 18 Uhr. (5) _____. So müssen Stefan und Katrin

zum Türkenmarkt gehen. Da gibt es bestimmt noch ein gegrilltes Hähnchen.

B *Auf dem Türkenmarkt.* Dieser Dialog ist durcheinander geraten. Suchen Sie die richtige Reihenfolge. *(This dialog is scrambled. Find the correct order).*

_____ a. Soll ich es ganz lassen oder schneiden?

_____ b. Ich hätte gern ein gegrilltes Hähnchen.

_(1)_ c. Guten Tag.

_____ d. Das macht sechs Mark achtzig.

_____ e. Auf Wiedersehen.

_____ f. Sie wünschen bitte?

_____ g. Ganz lassen bitte.

_____ h. Hab' ich passend.

_____ i. Guten Tag.

_____ j. Dankeschön.

C *Einkaufen in Deutschland.* Beantworten Sie jede Frage mit einem Satz!

1. Warum gehen Stefan und Katrin schnell in den Laden hinein?

   _____

2. Wie weiß Katrin, welchen Käse sie kaufen soll?

   _____

3. Kauft Katrin die Leberwurst geschnitten (*sliced*)?

   _____

4. Warum kauft Stefan den Orangensaft in der Flasche?

   _____

5. Warum kaufen Stefan und Katrin das gegrillte Hähnchen nicht in der Metzgerei?

   _____

D *Zur Kultur.* Sind die folgenden Sätze richtig oder falsch? Kreisen Sie R oder F ein.

1. Ein deutsches Pfund wiegt mehr als *(weighs more than)* ein amerikanisches Pfund.   R   F

2. In einem Tante Emma Laden ist der Service oft schlechter als *(worse than)* im Supermarkt.   R   F

3. Wenn man in Deutschland in ein kleines Geschäft geht, sagt man „Guten Morgen" oder „Guten Tag".   R   F

4. In einem Tante Emma Laden bezahlt man mit Kreditkarte.   R   F

5. In Deutschland darf man die Wurst- und Käsesorten nicht probieren.   R   F

6. Die Geschäfte sind am Sonntag offen.   R   F

E *Zum Schreiben!* Wählen Sie ein Thema.

1. Since your friend is not home, you leave him/her a short note. Invite him/her to come to your party: tell when and where it will be held and what, if anything, he/she should bring.

   _____

   _____

   _____

2. Write a short list of things you would buy for a simple party with a few friends. Be sure to use metric measurements!

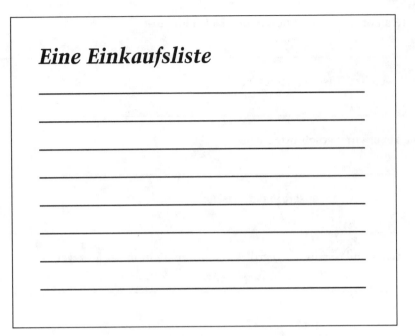

Eine Einkaufsliste

3. Compare the German *Tante Emma Laden* to similar stores in the United States. What are they called? What can you buy there? Where would you prefer to shop, in a modern supermarket or in a *Tante Emma Laden*? Why?

F   *Situationen!* Spielen Sie diese Situationen mit einem Partner oder einer Partnerin.

1. You and your roommate are planning a picnic for a few good friends. Discuss what to buy, what to prepare, and what to do in case of rainy weather.

2. You get to the butcher shop just as the store is closing for the evening. Try to convince the butcher to stay open just a few more minutes so that you can get some things for a special party tonight.

3. You're in a small corner grocery store and want to try some cheeses. Ask to sample one of them. Taste it, then thank the salesperson politely, telling him/her it's too spicy *(scharf)*. Ask to try another one. Since you like the second one much better, you take 200 grams cut thinly *(dünn geschnitten)*.

5   Treibst du gern Sport?   (23:30)

Vor dem Video
Einführung

schnaufen   *to puff, pant*

Personen

Stefan
Su-Sin
Frieda und Inge   *Zwei Frauen im Park*

A   *Sport in Deutschland!* Was zeigen diese Bilder? Kreuzen Sie die Sätze an!

_____ 1. Sport ist gesund.

_____ 2. Männer und Frauen können zusammen Sport treiben.

_____ 3. Sport macht fit.

_____ 4. Zuviel Sport ist streßig.

_____ 5. Sport macht Spaß.

_____ 6. Sport ist gefährlich *(dangerous)*!

_____ 7. Die beste Medizin ist Sport.

_____ 8. Ein Hund soll Sport treiben.

VOKABULAR ZUM SPORT

Substantive

die **Freizeit**   free time
der **Sport**, die **Sportarten**   sport

Verben

rad·fahren (fährt Rad), fuhr Rad, ist radgefahren   to bicycle
schwimmen, schwamm, ist geschwommen   to swim
ski·fahren (fährt Ski), fuhr Ski, ist skigefahren   to ski
wandern, ist gewandert   to hike

Adjektive

gesund   healthy, healthful

Andere Wörter und Ausdrücke

Sport treiben, trieb, getrieben   to play sports
Fußball / Tennis spielen   to play soccer / tennis

Kulturelle Welle

B   *Fit für die Freizeit?* Machen Sie diesen kleinen Streßtest!

Wann haben Sie Freizeit?   *. . . und um wieviel Uhr?*

_____ morgens   zwischen _____ und _____ Uhr

_____ nachmittags   zwischen _____ und _____ Uhr

_____ abends   zwischen _____ und _____ Uhr

_____ am Wochenende   zwischen _____ und _____ Uhr

_____ nie

C   *Lieblingsaktivitäten.* Was machen Sie am liebsten in Ihrer Freizeit? Benutzen Sie die Skala unten und bestimmen Sie, wie oft Sie die folgenden Aktivitäten treiben. *(Use the scale below to determine how often you do the following activities.)*

1	2	3	4	5	6	7	8	9	10

←————————————————————————————————→

nie   *selten*   *oft*   *sehr oft*

_____ schlafen   _____ faulenzen *(to take it easy)*

_____ lesen   _____ Briefe schreiben

_____ fernsehen   _____ Musik hören

_____ Freunde treffen   _____ ins Café gehen

_____ spazierengehen   _____ ins Museum gehen

_____ tanzen gehen *(to go dancing)*   _____ ins Kino gehen

_____ die Hausarbeit machen   _____ ins Popkonzert gehen

_____ basteln *(to do handicrafts)*   _____ im Garten arbeiten

_____ kochen   _____ Familie besuchen

_____ Sport treiben   _____ _____

Zur Kultur

Berlin hat sehr viel Platz für Freizeit und Sport! Von 883 Quadrat-
kilometern° (qkm) sind 107 qkm (oder 12%) Parks, Tierparks,   *square kilometers*
Kleingärten,° Spielplätze,° Sportplätze und Freibäder.° Berlin hat   *small gardens / play grounds /*
auch 156 qkm (oder 18%) Wald und 56 qkm (oder 6%) Wasser.   *outdoor swimming pools*

D *Ihre Freizeit.* Welche Sportarten treiben Sie in Ihrer Freizeit? Notieren Sie, in welchen Sportarten Sie
gut (G) sind, sehr gut (SG) sind oder welche Sportarten Sie noch lernen wollen (L)!

_____ Amateurboxen   _____ Basketball

_____ Muskeltraining *(bodybuilding)* _____ eislaufen *(ice skating)*

_____ fechten *(fencing)*   _____ Fußball

_____ Golf   _____ Gymnastik

_____ Hockey   _____ Jazztanz

_____ Karate   _____ kegeln *(bowling)*

_____ radfahren   _____ reiten *(horseback riding)*

_____ rollschuhlaufen *(roller skating)* _____ rudern *(rowing)*

_____ segeln / windsurfen   _____ schwimmen

_____ Squash   _____ skifahren

_____ Volleyball   _____ Tennis

_____ Aerobic   _____ wandern

_____ _____   _____ Jogging

E *Ein Interview.* Jetzt interviewen Sie einen Partner oder eine Partnerin! Schreiben Sie die Antworten auf.

1. Wann haben Sie Freizeit?

   Notizen: _____

2. Was machen Sie gern in Ihrer Freizeit?

   Notizen: _____

3. Welche Sportarten treiben Sie gern in Ihrer Freizeit?

   Notizen: _____

F *Partnerprofil.* Schreiben Sie Ihre Meinung auf!

1. Hat Ihr Partner/Ihre Partnerin genug Freizeit?   Ja _____   Nein _____

2. Hat er/sie zuviel Freizeit?   Ja _____   Nein _____

3. Soll er/sie ein neues Hobby lernen?   Ja _____   Nein _____

4. Wenn *Ja*, was empfehlen Sie?

   _____

   _____

5. Treibt er/sie genug Sport?   Ja _____   Nein _____

6. Wenn *Nein*, was empfehlen Sie?

   _____

   _____

G *Im Sportclub.* Beantworten Sie die folgenden Fragen. Jede Frage kann mehrere *(several)* Antworten haben. Kreisen Sie alle richtigen Buchstaben ein.

SPORT FÜR ALLE

Für den Gast, den Kursteilnehmer, das Vereinsmitglied:

- Sport-, Turn-, Gymnastik-Hallen und Außenanlagen
- Tennisanlage
- Kegelanlage
- Schwimmbad
- Fitness-Studio
- Sauna
- Solarien

sport club siemensstadt berlin e.v.

Schwimmbad

Badezeiten:
Einlaßschluß 90 Minuten vor Ende der Badezeit.

Montag	von 06.30 – 17.00 Uhr
Dienstag	von 06.30 – 22.00 Uhr
Mittwoch*	von 06.30 – 22.00 Uhr
Donnerstag	von 06.30 – 17.00 Uhr
Freitag	von 08.30 – 22.00 Uhr
Samstag*	von 08.00 – 22.00 Uhr
Sonntag*	von 08.00 – 22.00 Uhr

* Warmbaden

Eintrittspreise:
für 90 Minuten

Aufenthalt im Schwimmbad	Normal (26° C)	Warmbaden (29° C)
Erwachsene	DM 5,—	DM 7,—
Kinder und Jugendliche bis 18 Jahre, Studenten, Arbeitslose, Sozialhilfe-empfänger	DM 3,—	DM 4,—

Beim Überschreiten der Badezeit (90 Minuten) ist eine Nachgebühr zu entrichten (siehe Aushang).

Seniorinnen und Senioren nutzen unser Schwimmbad jeden Montag v. 08.00–12.00 Uhr für DM 3,— (90 Minuten).

der Einlaßschluß *final admission*   **der Aufenthalt** *stay*   **die Nachgebühr** *extra charge*

1. In welchem Teil von Berlin ist dieser Sportclub?

   a. in Charlottenburg

   b. in Spandau

   c. in Kreuzberg

   d. in Siemensstadt

2. Wer kann hier Sport treiben?

   a. nur sportliche Leute

   b. Gäste

   c. Kursteilnehmer *(course participants)*

   d. Mitglieder *(members)*

3. Beim Sport Club Siemensstadt kann man _____ .

   a. ins Solarium *(tanning studio)* gehen

   b. Sport und Gymnastik treiben

   c. kegeln *(go bowling)*

   d. in die Sauna gehen

4. Im Schwimmbad ist die „normale" Badezeit *(swimming hours)* _____ .

   a. 60 Minuten

   b. 90 Minuten

   c. 4 Stunden

   d. von 08.00 bis 22.00

5. Wie oft kann man „warm" baden (29 Grad Celcius)?

    a. viermal die Woche   c. nie

    b. jeden Tag   d. dreimal die Woche

6. Heute ist Freitag. Sie sind Student oder Studentin. Sie wollen „normal" baden. Wann können Sie spätestens *(at the latest)* beginnen, und was kostet es?

    a. spätestens um 20.30 / DM 4,–   c. spätestens um 20.30 / DM 3,–

    b. spätestens um 21.30 / DM 5,–   d. spätestens um 20.00 / DM 5,–

Zur Kultur

In Deutschland ist die Auswahl° von Sportarten sehr groß; in einigen Städten gibt es 90–100 verschiedene° Sportarten! Für Studenten und Schüler ist Sport aber ganz anders organisiert als in Amerika. Universitäten und Schulen haben keine Sportmannschaften. Wenn man Sport treiben will, spielt man in einem Sportclub (SC) oder einem Verein.° Diese Vereine sind nicht teuer. In der Stadt Berlin gibt es über 2 200 Sportvereine mit fast 500.000 Mitgliedern.° Berlin ist also die größte° deutsche Sportstadt!	*selection* *different* *private club* *members* *largest*

H ***Recycling.*** Beantworten Sie die folgenden Fragen. Kreisen Sie den richtigen Buchstaben ein, oder schreiben Sie das richtige Wort in die Lücken.

1. In diesem Container sammelt man *nur* _____ .

   a. Altglas

   c. Abfall *(trash)*

   b. Keramik und Porzellan

   d. Altpapiere

2. Altglas ist Rohstoff *(raw material)* für _____ glas! (Alt-/Neu-/Weiß-)

3. Das Recycling Symbol zeigt eine _____ Flasche. (kaputte/leere)

4. Was meinen Sie? Warum darf man Altglas nur zwischen 7 und 19 Uhr einwerfen?

   a. Der Container ist geschlossen.

   c. Alle schlafen zu dieser Zeit.

   b. Die Arbeiter holen das Glas um 20 Uhr ab.

   d. Man will keinen Lärm *(noise)* in der Nacht.

Zum Video

VOKABULAR

Substantive

der **Geldbeutel, -**	wallet
das **Portemonnaie, -s**	wallet
der **Schlüssel, -**	key
der **Studentenausweis, -e**	student ID
der **Wald, ̈er**	forest

Verben

ab·schließen, schloß ab, abgeschlossen	to lock
auf·passen	to pay attention
entdecken	to discover, find
gehören *(dative verb)*	to belong to
schauen	to look
verlieren, verlor, verloren	to lose
verschmutzen	to pollute
weg·werfen (wirft weg), warf weg, weggeworfen	to throw away

Andere Wörter und Ausdrücke

aus Leder	made out of leather
Es macht großen Spaß!	It's a lot of fun!
Laß uns eine kurze Pause machen.	Let's take a short break.
Los!	Let's go!

Kulturelle Welle (23:35)

A *Freizeitbeschäftigungen* **(leisure activities).** Was machen die Leute in der Freizeit in diesem Videoteil? Kreuzen Sie alle Freizeitsbeschäftigungen an.

_____ 1. Man reitet.

_____ 2. Man sitzt auf der Bank.

_____ 3. Man spielt Fußball.

_____ 4. Man spielt Volleyball.

_____ 5. Man liegt auf dem Rasen.

_____ 6. Man fährt Rad.

_____ 7. Man joggt.

_____ 8. Man klettert *(climbs)* auf Bäume.

Welche Aktivität fehlt? Beschreiben Sie sie.

_____

_____

Live: Treibst du gern Sport?

Erster Teil (24:23)

B *Stefan oder Su-Sin?* Wer spricht da? Kreuzen Sie für jeden Satz *Stefan* oder *Su-Sin* an.

	Stefan	Su-Sin
1. Ich fahre jeden Tag mit dem Rad zur Uni.	_____	_____
2. Ich muß es noch abschließen.	_____	_____
3. Bist du müde?	_____	_____
4. Ich bin jedes Wochenende auf dem Tennisplatz.	_____	_____
5. Ich bin gern im Wald.	_____	_____

C *Zum Videoteil.* Sind die folgenden Sätze richtig oder falsch? Kreisen Sie R oder F ein.

1. Stefan ist oft außer Atem *(out of breath)* und wahrscheinlich nicht so fit wie Su-Sin.   R   F

2. Su-Sin fährt selten Rad.   R   F

3. Stefan schließt sein Fahrrad ab. Dann verliert er seine Brille *(glasses)*.   R   F

4. Ein Jogger läuft vorbei *(runs past)* und sagt nichts.   R   F

5. Tennis macht Stefan großen Spaß.   R   F

Zweiter Teil   (25:20)

D *Ein Gespräch.* Schauen Sie sich diesen Videoteil an. Dann schreiben Sie die fehlenden Wörter in den Dialog.

Stefan: Laß uns eine _____ (1) _____ (2) machen!

Su-Sin: Ja, ok.

Stefan: Ohh, was für ein _____ (3) Park.

Su-Sin: Ja, echt. Ich wohne in einer _____ (4), aber in fünf Minuten

bin ich schon mitten in der _____ (5).

Stefan: Mhh. Schau mal, wie die Leute den _____ (6) verschmutzen. Da hat

jemand eine _____ (7) weggeworfen.

Su-Sin: Ja, nehmen wir sie mit und werfen sie _____ (8)!

Stefan: Oh, je!

Su-Sin: Was ist _____ (9)?

Stefan: Ich hab' meinen Geldbeutel verloren!

E *Stefans Geldbeutel.* Stefan glaubt, sein Geldbeutel ist vielleicht . . .

_____ 1. irgendwo *(anywhere)* im Wald.   _____ 3. gestohlen.

_____ 2. zu Hause.   _____ 4. bei den Fahrrädern.

F *Ein Jogger im Wald.* Ein Jogger läuft an Su-Sin und Stefan schnell vorbei *(runs . . . past).* Beschreiben Sie ihn (3–4 Adjektive).

_____   _____

_____   _____

Dritter Teil   (26:12)

G *Der Geldbeutel ist wieder da.* Eine ältere *(elderly)* Frau sagt Stefan, er soll seinen Geldbeutel beschreiben. Hören Sie gut zu. Was sagt Stefan?

Ältere Frau: Wie sieht er wohl aus?

Stefan: Er ist _____ (1) . . . und aus _____ (2)

Ältere Frau: Und was war darin?

Stefan: _____ (3) natürlich; _____ (4) Mark . . .

     und mein _____ (5) Studentenausweis.

Ältere Frau: Und war sonst noch etwas drin?

Stefan: Ja, ein _____ (6) Photo von meinen Eltern . . . und ein

     _____ (7) Schlüssel.

H *Eine ältere Frau.* Beschreiben Sie die erste Frau mit Stefans Geldbeutel!

1. Sie ist ungefähr _____ Jahre alt und heißt _____ .

2. Sie trägt eine _____ Brille und einen _____ Pulli.

3. Ihr Gesicht ist _____ .

4. Sie hat _____ Haar.

5. Vom Temperament her ist diese Frau _____ .

     a. unfreundlich und böse   b. skeptisch aber freundlich   c. nervös und ängstlich

Graphik   (27:06)

Adverbien *(Adverbs of time, manner, and place)*

In this graphic segment you will review how German speakers organize information relating "time, manner, and place" in a sentence. Watch what happens when each piece of information is added to the original sentence, then complete exercise I.

I *Satzelemente* (sentence elements). Was kommt an erster Stelle *(place)*? An zweiter Stelle? Und danach *(afterwards)*? Schreiben Sie einen ganzen Satz mit den folgenden Wörtern. Beginnen Sie mit dem fettgedruckten *(boldfaced)* Wort. Dann schreiben Sie den Satz noch einmal, aber beginnen Sie mit einem anderen Wort.

1. Su-Sin / mit dem Rad / **fährt** / jeden Tag / zur Uni / ?

    _____

    _____

2. joggt / **Stefan** / langsam / durch den Park / am frühen Morgen / .

    _____

    _____

3. **Su-Sin** / später / findet / eine leere Flasche / vor der Bank / .

    _____

    _____

4. die Frau / **hat** . . . entdeckt / bei den Fahrrädern / heute /den Geldbeutel / ?

    _____

    _____

5. **warum** / Stefan / spielt / Tennis / auf dem Tennisplatz / jedes Wochenende / ?

    _____

    _____

Welle Magazin   (28:27)

Sport in Berlin!

J *Sportarten.* Welche Sportarten sehen Sie im Welle Magazin? Machen Sie eine Liste.

_____   _____

_____   _____

_____   _____

_____   _____

_____   _____

Nach dem Video

A *Im Geldbeutel.* Beschreiben Sie alles, was Stefan in seinem verlorenen Geldbeutel hatte.

Was?	*Wie? Wieviel?*	*Andere Information?*
1. das Geld	_____	X
2. _____	_____	von seinen Eltern
3. der Studentenausweis	_____	_____
4. _____	klein	X

B *Zum Video.* Füllen Sie die fehlenden Wörter in die folgenden Lücken ein!

1. Su-Sin fährt jeden Tag mit _____ zur _____ .

2. Obwohl Stefan sagt, daß er jedes _____ Tennis spielt, läuft er langsamer als Su-Sin.

3. Stefan schlägt vor *(suggests)*, daß sie eine kurze _____ machen.

4. Su-Sin holt _____ und wirft sie weg.

5. Stefan hat seinen _____ verloren.

6. Die ältere Frau hat den Geldbeutel bei _____ gefunden.

C *Zur Kultur.* Sind die folgenden Sätze richtig oder falsch? Kreisen Sie R oder F ein.

1. In der Stadt Berlin gibt es viele Wälder und Parks.	R	F
2. Berlin ist die zweitgrößte *(second largest)* deutsche Sportstadt.	R	F
3. Jogging ist nicht nur ein amerikanischer Sport.	R	F
4. In Deutschland gibt es kein Recycling.	R	F

D *Zum Schreiben!* Write a response to the following letter to a German advice-columnist.

„Ich lebe mit einem Fitneß-Freak!"

Mein Mann geht jeden Tag zum Joggen. Er läuft mehr als zehn Kilometer. Früher waren wir zusammen sportlich aktiv. Aber jetzt joggt er viel zu schnell. Wir verlieren täglich eine Stunde Gemeinsamkeit *(togetherness)*. Muß ich das akzeptieren?

Charlotte B., Berlin

Liebe Charlotte!

_____

_____

_____

_____

_____

Ihr/Ihre_____

E *Situationen!* Spielen Sie diese Situationen mit einem Partner oder einer Partnerin.

1. a. A good friend of yours looks tired and needs a break from studying. Persuade him/her to go jogging (or to play tennis) with you today.

    b. A well-intentioned classmate thinks you should get out and do some sports together, but you have a lot of homework. Besides, you're tired and really not feeling so well. (Use every excuse you can think of to get out of going along!)

2. a. (Start by giving your wallet or purse to a classmate.) Having "lost" your wallet, you return to your last class, first-year German, where you think you left it. There you find a student already sitting in your seat, ready for the next class. Describe your wallet as carefully as possible and ask the student whether he/she has seen it.

    b. As you enter a classroom for your next class, you find a wallet on the floor near your desk. Suddenly a student whom you've never seen before approaches your seat. He/she mentions something about a lost wallet; you tell him/her that you found one, but you ask him/her to describe the wallet and its contents thoroughly. Only after you've heard a complete description (with five or six corroborating details!) do you return the wallet.

6   Das vergesse ich nie.   (29:20)

Vor dem Video
Einführung

Personen

Katrin
Stefan
Tante Waltraud   *Stefans Tante*

A   *Aus dem Video.* Beantworten Sie die folgenden Fragen zum Bild.

1. Wieviele Personen sehen Sie? Wie heißen sie? Wie alt sind sie? Wie sehen sie aus?

   _____

   _____

2. Wer kann die Person sein, die Sie noch nicht kennen?

   _____

   _____

3. Wo sind die Personen? Warum sind Sie dort? (Spekulieren Sie!)

   _____

   _____

4. Beschreiben Sie das Haus und den Garten.

   _____

   _____

GEBURTSTAGSVOKABULAR

Substantive

das **Fest, -e**	party, celebration
der **Geburtstag, -e**	birthday
die **Geburtstagskarte, -n**	birthday card
der **Geburtstagskuchen, -**	birthday cake
das **Geschenk, -e**	present
die **Kerze, -n**	candle

Verben

feiern	to celebrate
gratulieren *(dative verb)*	to congratulate
schenken	to give (as a present)

Andere Wörter und Ausdrücke

Herzlichen Glückwunsch!	Congratulations!

Kulturelle Welle

B *Eine Geburtstagskarte.* Lesen Sie die Geburtagskarte. Dann beantworten Sie die folgenden Fragen.

Berlin, den 9. Juni

Liebe Tante Waltraud,

ich gratuliere Dir herzlich zu Deinem Geburtstag. Ich wünsche Dir alles Gute und gute Gesundheit.

Liebe Grüße,

Stefan

Herzliche Glückwünsche zum Geburtstag

1. Wer hat die Karte geschrieben? _____

2. Für wen ist die Karte? _____

3. Welches Fest feiert Tante Waltraud? _____

4. Wann hat Tante Waltraud Geburtstag? _____

5. Was wünscht Stefan der Tante? _____

6. Welchen Gruß *(greeting)* gebraucht Stefan? _____

Zur Kultur

In Deutschland feiert man den Geburtstag mit einem
Geburtstagskuchen. Meistens bäckt° man den   *bakes*
Geburtstagskuchen selber. Wenn man zu einer Geburtstagsfeier
oder zu einer Party geht, bringt man Blumen und ein Geschenk.

C *Ein Geburtstag bei Ihnen.* Diskutieren Sie die folgenden Fragen.

1. Wie feiert man einen Geburtstag in Amerika als Kind?

2. Wie feiert man einen Geburtstag in Amerika als erwachsene Person?

3. Wie sieht der Geburtstagskuchen in Amerika aus? Bäckt man ihn selber?

4. Wann haben Sie Geburtstag?

5. Was wünschen Sie sich zu Ihrem nächsten Geburtstag?

6. Wie feiern Sie Ihren Geburtstag am liebsten? Wen laden Sie ein? Wohin gehen Sie?

D *Aus der Geschichte von Berlin.* Was wissen Sie von den geschichtlichen Ereignissen *(historical events)* in Berlin? Schreiben Sie die richtigen Daten in den Text.

1. Im Jahre _____ wird Adolf Hitler Reichskanzler. Berlin wird zum Machtzentrum *(center of power)* der Nazidiktatur.

   a. 1919   b. 1933   c. 1945

2. Am Ende des zweiten Weltkrieges, im Jahre _____ , bleiben nur zerstörte Wohnungen, Ruinen und Trümmer *(rubble)* in Berlin zurück. Viele Frauen arbeiten in den Trümmern und helfen, Berlin wieder aufzubauen.

   a. 1933   b. 1945   c. 1949

3. Im Jahre _____ gründet *(founds)* man die Bundesrepublik (BRD) und die Deutsche Demokratische Republik (DDR).

   a. 1949   b. 1953   c. 1961

Das vergesse ich nie.   **71**

4. Die Leute sind nicht zufrieden. Vier Jahre später, am _____, gibt es eine Arbeiterdemonstration in der DDR.

    a. 16. Juni 1948   b. 17. Juni 1953   c. 13. August 1961

5. Man baut die Mauer am _____: sie trennt *(divides)* nun Ostberlin von Westberlin.

    a. 13. August 1961   b. 17. Dezember 1963   c. 27. November 1958

6. Am _____ kommt *die Wende (change)*. Die DDR öffnet ihre Grenzen. Viele Leute gehen von Ostberlin nach Westberlin und von Westberlin nach Ostberlin.

    a. 18. Januar 1989   b. 9. November 1989   c. 22. Dezember 1989

7. Die Mauer fällt. Nach 28 Jahren, am _____, öffnet man das Brandenburgertor wieder.

    a. 9. November 1989   b. 22. Dezember 1989   c. 18. März 1990

8. Am _____ findet der Tag der Deutschen Einheit statt *(takes place)*.

    a. 29. Juni 1990   b. 20. September 1990   c. 3. Oktober 1990

Zum Video

VOKABULAR

Substantive

der **Beamte, -n** *(adjectival noun)*	official person
die **Decke, -n**	table cloth; blanket
der **Enkel, -**	grandson
der **Geburtstag, -e**	birthday
die **Grenze, -n**	border
die **Hochzeit, -en**	wedding
die **Trümmer** *(plural)*	rubble
der **zweite Weltkrieg**	second world war

Verben

danken *(dative verb)*	to thank
nach·kommen, kam nach, ist nachgekommen	to follow, join somebody later
nennen, nannte, genannt	to name
sich etwas vor·stellen	to imagine something

Adjektive

zerstört	destroyed
zufrieden	content, happy

Andere Wörter und Ausdrücke

Viele schöne Erinnerungen hängen daran.	I have many good memories about that time.
Genau!	Precisely!
Herzlichen Glückwunsch zum Geburtstag!	Happy birthday!
im Krieg fallen (fällt), fiel, ist gefallen	to die in the war
Es tut weh.	It hurts.
seit einiger Zeit	for some time

Kultur

Zur

Man kann „Herzlichen Glückwunsch" oder „Herzliche
Glückwünsche" auch zur Verlobung,° zur Hochzeit, zur Geburt
und zur Taufe° sagen. Wenn jemand gestorben ist, sagt man
„Herzliches Beileid".°

engagement
christening
sincere condolences

Kulturelle Welle   (29:25)

A *Der beste Titel.* Welcher Titel paßt am besten zu diesem Videoteil? Kreuzen Sie ihn an!

_____ 1.   Berlin: eine Stadtrundfahrt *(city tour)*

_____ 2.   Ein Spaziergang im Park

_____ 3.   Ein Ausflug *(outing)* aufs Land

B *Zu Besuch bei Tante Waltraud.* Stefan und Katrin besuchen Stefans Tante. Wo wohnt sie? Hier sind
einige Möglichkeiten *(possibilities)*. Kreuzen Sie alle richtigen Antworten an. Dann diskutieren Sie Ihre
Antworten.

_____ 1.   Im westlichen Teil Berlins   _____ 4.   Auberhalb (outside) Berlins

_____ 2.   Im östlichen Teil Berlins   _____ 5.   In einer anderen Großstadt

_____ 3.   In der Stadt Berlin   _____ 6.   In einem Dorf

Live: Das vergesse ich nie.

Erster Teil   (30:11)

C *Ein Gespräch.* Schauen Sie sich diesen Videoteil an. Dann schreiben Sie die fehlenden Wörter in
den Dialog.

Tante: Bitte kommt rein ins Wohnzimmer.

Stefan: Tante Waltraud, herzlichen Glückwunsch _____

_____ (1).

Tante: Danke, Stefan. Ich dank' dir.

Stefan: Die Eltern kommen später nach mit _____ (2).

Tante: Das ist aber schön.

Das vergesse ich nie.   **73**

Stefan: Das ist Katrin Berger. Sie wohnt _____ (3) bei uns.

Tante: Guten Tag, Fräulein Berger.

Katrin: Guten Tag.

Tante: Ich freue mich auch, daß sie dort wohnen.

Katrin: Nennen Sie mich doch ruhig Katrin. Übrigens, _____

_____ (4) zum Geburtstag.

D *Alles Gute zum Geburtstag!* Numerieren Sie. Was passiert zuerst? Was danach?

_____ a. Die Tante stellt die Blumen in die Vase.

_____ b. Katrin setzt sich aufs Sofa.

_____ c. Stefan gibt der Tante die Blumen und das Geschenk.

_____ d. Stefan sagt, daß die Eltern später kommen.

_____ e. Die Tante sagt Stefan, er soll die Jacke 'rausbringen.

_____ f. Die Tante öffnet das Geschenk.

_____ g. Stefan stellt Katrin der Tante vor *(introduces)*.

_____ h. Stefan fragt, wie es dem Bein der Tante geht.

E *Das Wohnzimmer der Tante.* Vergleichen Sie das Wohnzimmer mit dem Wohnzimmer bei Ihnen zu Hause, bei Ihrer Tante, bei Ihrer Großmutter.

_____

_____

_____

_____

_____

_____

Zweiter Teil   (31:10)

F *Das Fotoalbum.* Die Tante zeigt Stefan und Katrin ihr Fotoalbum. Passen Sie gut auf. *(Watch carefully.)* Dann füllen Sie die richtigen Informationen in die Tabelle ein.

Bild	*Information*	
das Elternhaus	Wo stand es?	_____ (1)
	Wo ist es heute?	_____ (2)
der erste Schultag	Wo?	_____ (3)
	Wie alt war die Tante?	_____ (4)
	Was trugen die Kinder	_____ (5)
Familienbild	Wie alt war die Tante?	_____ (6)
	Wer ist noch im Bild?	_____ (7)
	Was machte die Tante am Sonntag?	_____ (8)
Hochzeit	Wer ist in den Bildern?	_____ (9)
	Was passiert mit dem Großvater?	_____ (10)
Berlin (1. Bild)	Wann?	_____ (11)
	Wie sah Berlin aus?	_____ (12)
	Was machten die Frauen?	_____ (13)
Berlin (2. Bild)	Wann?	_____ (14)
	Was zeigt das Bild?	_____ (15)
	Von wem ist das Bild?	_____ (16)

Zur Kultur

Stettin liegt an der Grenze zwischen Deutschland und Polen.
Früher war es eine deutsche Stadt. Seit dem zweiten Weltkrieg
gehört Stettin zu Polen.

Wenn die Kinder zum ersten Mal in die Schule gehen,
bekommen Sie eine *Zuckertüte.* In der Zuckertüte gibt es
Süssigkeiten° und kleine Spielsachen.°   *candy / toys*

G *Nach der Wende.* Was sagt die Tante über ihren Enkel? Sind die folgenden Sätze richtig oder falsch?
Kreisen Sie R oder F ein. Wenn die Information falsch ist, dann korrigieren Sie sie.

1. Der Enkel der Tante heißt Otto.   R   F

   Korrektur: _____

2. Der Enkel war am 9. November bei der Mauer.   R   F

   Korrektur: _____

3. Die Beamten an der Mauer waren freundlich.   R   F

   Korrektur: _____

4. Die Grenze war zu dieser Zeit noch zu.   R   F

   Korrektur: _____

5. Der Enkel ist auch im Bild zu sehen.   R   F

   Korrektur: _____

6. Der Enkel hat sich im Westen zuerst Orangen gekauft.   R   F

   Korrektur: _____

Graphik   (33:03)

Relativpronomen *(Relative pronouns)*

In this graphic segment, you will review how to combine two sentences by using a relative pronoun. Remember the following information as you watch the sentence fragments move around on the screen:

- The relative pronoun agrees in number and gender with the antecedent.

- The relative pronoun has the same function (case) as the word it replaces in the relative clause.

- The conjugated verb form is the last element in the relative clause.

Watch carefully, and then do the exercise below.

H *Relativsätze.* Schreiben Sie sie zu Ende.

1. Da sind die freundlichen Beamten. Wir trafen sie am 9. November an der Grenze.

   Da sind die freundlichen Beamten, _____

   _____ .

2. Ich fand das Bild unserer Hochzeit. Das Bild wollte ich dir schon lange zeigen.

   Ich fand das Bild unserer Hochzeit, _____

   _____ .

3. Uns schmeckte der Geburtstagskuchen. Frau Bachmann hatte ihn gebacken.

   Uns schmeckte der Geburtstagskuchen, _____

   _____ .

4. Tante Waltraud stellte die Blumen in die Vase. Die Blumen hatte Stefan gebracht.

   Tante Waltraud stellte die Blumen, _____ , in die Vase.

5. Kennst du Tante Waltraud aus Potsdam? Ich darf ihren Geburtstag nicht vergessen.

   Kennst du Tante Waltraud aus Potsdam, _____

   _____ ?

Zur Kultur

Potsdam ist eine kleine Stadt südwestlich von Berlin.

Welle Magazin   (35:15)

Das Dorfleben

I *Die Leute außerhalb von Berlin.* Wie leben sie? Was ist anders als in der Stadt? Machen Sie eine kurze Liste.

_____   _____

_____   _____

_____   _____

_____   _____

Nach dem Video

A *Eine Geburtstagsfeier.* In diesem Text fehlen die Verben. Setzen Sie die richtigen Verbformen ein. Die Geschichte ist in der Vergangenheit *(simple past)* geschrieben.

haben	fahren	sein
wollen	öffnen	stellen
kommen	danken	setzen

Letzten Sonntag _____ (1) Stefan und Katrin nach Potsdam. Sie

_____ (2) Stefans Tante besuchen, da sie Geburtstag _____ (3).

Tante Waltraud _____ (4) sehr zufrieden. Sie _____ (5) die

Blumen in eine Vase. Stefan und Katrin _____ (6) sich auf das Sofa. Dann

_____ (7) die Tante das Geschenk: die blaue Decke gefiel ihr gut. Blau war für sie die

schönste Farbe. Tante Waltraud _____ (8) Stefan und Katrin für das Geschenk. Und

der Geburtstagskuchen? Den brachten Stefans Eltern. Sie _____ (9) später am

Nachmittag mit dem Rest der Familie. „Alles Gute zum Geburtstag, Tante Waltraud!"

B *Die Tante.* Beschreiben Sie sie. Wie sieht sie aus? Was für eine Person ist sie?

_____

_____

_____

_____

_____

C *Aus dem Leben der Tante!* Beantworten Sie folgende Fragen mit einem kurzen Satz.

1. Wo wohnte die Tante als kleines Kind?

_____

2. Wo ging die Tante zur Schule?

_____

3. Was machte die Tante jeden Sonntag?

_____

4. Was passierte dem Großvater?

_____

5. Was machten die Frauen 1949 in Berlin?

_____

D *Eine Geburtstagskarte.* Schreiben Sie diese Karte an jemanden, der bald Geburtstag hat.

Zum Geburtstag
die besten Glückwünsche

E *Zum Schreiben!* Wählen Sie ein Thema.

1. Describe the earliest birthday celebration you can remember. (Use the simple past tense.)

2. Write a birthday letter to your mother or to your father.

3. Take one picture out of your family album (or a magazine) and write a story about it. (Use the simple past tense.)

_____

_____

_____

_____

_____

_____

_____

_____

_____

_____

_____

_____

_____

_____

_____

_____

_____

_____

_____

_____

F *Situationen!* Spielen Sie diese Situationen mit einem Partner oder einer Partnerin.

1. Find out from one or two of your classmates what present(s) they would like for their birthday. Report back to the class, saying that you believe it is too expensive, too hard to find, or too impractical. Tell the class what you would buy instead.

2. Go into a store and buy one of the gifts for your classmate. Make sure the gift is wrapped (**einpacken**). Ask about the return policy.

3. Call your aunt (grandmother, sister, brother, or parents) and apologize for having forgotten his/her birthday. Tell him/her how you are going to make up for it.

4. Bring your family album to class and describe your favorite picture(s) to the class.

Das vergesse ich nie. **81**

7 Fährst du mit in die Schweiz? (36:15)

Vor dem Video
Einführung

Personen

Katrin
Angestellte im Reisebüro
Kunde

 A *Im Reisebüro.* Beanworten Sie die folgenden Fragen zum Bild.

1. Wieviele Personen sehen Sie? Wer sind sie?

_____

_____

2. Wo sind die Personen? Was machen sie dort?

_____

_____

3. Was sehen Sie sonst im Bild? Was hängt an der Wand? Was steht auf dem Tisch? Machen Sie eine Liste.

_____   _____

_____   _____

_____   _____

_____   _____

_____   _____

_____   _____

VOKABULAR FÜR DIE REISE

Substantive

die **Angestellte, -n**	female employee
die **Auskunft**	information
der **Bahnhof, ̈e**	train station
die **Fahrkarte, -n**	ticket
der **Fahrplan, ̈e**	train schedule
die **Jugendherberge, -n**	youth hostel
die **Reise, -n**	travel, journey
das **Reisebüro, -s**	travel agency
der **Zug, ̈e**	train

Verben

reisen, ist gereist	to travel
übernachten	to stay overnight

Adjektive

billig	cheap, inexpensive
preiswert	of good value, inexpensive
teuer	expensive

Andere Wörter und Ausdrücke

eine Reise machen	to take a trip

Kulturelle Welle

B *Das Reisebüro ARTU.* Dieses Schild hängt an der Eingangstür *(entrance door)* beim Reisebüro **ARTU**. Beanworten Sie die folgenden Fragen.

1. Was ist ein Reisebüro?

   _____

2. An welchen Tagen ist das Reisebüro geschlossen? _____

   Geöffnet? _____

3. Wann öffnet das Reisebüro am Morgen? _____

   Wann schließt es am Abend? _____

4. Was passiert zwischen 13.30 und 14.30?

   _____

C *Reisen in Amerika.* Diskutieren Sie die folgenden Fragen.

1. **ARTU** ist ein Reisebüro für Studenten und Jugendliche in Berlin. Gibt es auch solche Reisebüros in Amerika?

2. Reisen amerikanische Studenten oft? Wohin? Wie? (Mit dem Auto? Mit dem Zug? Mit dem Flugzeug?)

3. Gibt es Sonderfahrkarten *(special tickets)* oder Ermäßigungen *(price reductions)* für Studenten?

D *Mit dem Zug durch Europa.* Lesen Sie den folgenden Absatz.

Interrail-26

Das **Interrail-Ticket** ist eine internationale Eisenbahnfahrkarte° für junge Leute unter 26 Jahren. Mit ihr können Sie kreuz und quer° durch Europa fahren: durch die Bundesrepublik Deutschland, durch die meisten europäischen Länder und auch Marokko. So können viele junge Leute Europa auf der Schiene° erobern° und neue Freundschaften schließen.° Das Interrail-Ticket ist einen Monat gültig° und nur für Reisen in der 2. Wagenklasse. Es kostet DM 470.-.

train ticket

kreuz . . . *all over*

track / conquer

neue . . . *to make new friends / valid*

Zum Lesestück. Sind die folgenden Sätze richtig oder falsch? Kreisen Sie R oder F ein.

1. Man muß jünger als 27 sein, um ein Interrail-Ticket zu kaufen.   R   F

2. Mit dem Interrail-Ticket kann man mit dem Zug durch Europa und Marokko fahren.   R   F

3. Das Interrail-Ticket kostet DM 470.- und ist vier Wochen gültig.   R   F

4. Mit dem Interrail-Ticket kann man in der ersten und in der zweiten Klasse fahren.   R   F

E **_Ein Fahrplan der Deutschen Bundesbahn (DB)._** Lesen Sie den Fahrplan. Dann beantworten Sie die folgenden Fragen.

1. Wo (in welchem Land und in welcher Stadt) beginnt die Reise?

   _____

2. Wann beginnt die Reise (Datum und Zeit)?

   _____

3. Durch welche Städte fährt der Zug?

   _____

4. Wo (in welchem Land und in welcher Stadt) endet die Reise?

   _____

5. Wann endet die Reise (Datum und Zeit)?

   _____

6. Was darf man nicht vergessen? Warum?

   _____

F *Preiswertes Schlafen in Jugendherbergen.* Lesen Sie den folgenden Absatz.

Wo kann ein Jugendlicher preiswert übernachten?

Am preiswertesten übernachten Jugendliche in Jugendherbergen. Jugendherbergen haben wenig Luxus. Man teilt° das Zimmer mit anderen Jugendlichen und die Duschen und Toiletten sind auf dem Flur.° Jugendherbergen gibt es überall in Europa. Will man in einer Jugendherberge übernachten, dann muß man einen Jugendherbergsausweis° kaufen. Es gibt ein Handbuch,° das alle Jugendherbergen in Europa beschreibt. In Deutschland schreibt man an die folgende Adresse: Deutsches Jugendherbergswerk, Postfach 202, 4930 Detmold 1.

share

auf . . . *in the hallway*

youth hostel ID / booklet

Zum Lesestück. Sind die folgenden Sätze richtig oder falsch? Kreisen Sie R oder F ein.

1. Alle Leute können in Jugendherbergen übernachten.   R   F

2. Jugendherbergen sind preiswert, aber ohne Luxus oder Comfort.   R   F

3. Man braucht einen Reisepaß, wenn man in einer Jugendherberge übernachten will.   R   F

G *Die Schweiz.* Was wissen Sie über die Schweiz? Setzen Sie die folgenden Zahlen und Wörter in die richtigen Lücken!

Zürich   Alpen   Deutschland   Italien   Frankreich   vier   Französisch

Italienisch   375 Kilometer   Bern   Österreich   Deutsch   4634 Meter

1. Nördlich der Schweiz liegt _____, östlich _____,

   südlich _____, und westlich der Schweiz liegt _____.

2. In der Schweiz spricht man _____ Sprachen: _____,

   _____, _____ und Rätoromanisch.

3. Die Dufourspitze ist der höchste Berg in der Schweiz. Er ist _____ hoch und

   liegt in den _____, eine Bergkette *(mountain range)* im Süden der Schweiz.

4. _____ ist die Hauptstadt der Schweiz. Diese Stadt hat 140 000 Einwohner.

5. Die größte Stadt ist _____ mit 355 000 Einwohnern.

6. Der Rhein ist der längste Fluß in der Schweiz. In der Schweiz ist er _____ lang.

Zum Video

VOKABULAR

Substantive

das **Bargeld**	cash
die **Ermäßigung, -en**	reduction in price
die **Geduld**	patience
die **Hotelunterkunft, ¨e**	hotel accommodations
der **Jugendherbergsführer, -**	a guide to youth hostels
der **Jugendherbergsplatz, ¨e**	a place in the youth hostel
das **Schweizerdeutsch**	Swiss German
die **Sonderfahrkarte, -n**	special ticket
der **Stift, -e**	pencil or pen

Verben

buchen	to book
erreichen	to reach
gelangen, ist gelangt	to get to
packen	to pack
sich etwas überlegen	to think about something

Andere Wörter und Ausdrücke

um Auskunft bitten, bat, gebeten	to ask for information
auf alle Fälle	in any case
geeignet sein (ist), war, ist gewesen	to be appropriate
Es macht bestimmt Spaß!	It's certainly going to be fun.
Das war's denn?	Was that all?
was (etwas)	something

Zur Kultur

Im deutschsprachigen Teil der Schweiz spricht man *Schweizerdeutsch*. Man braucht *Schweizerdeutsch* im täglichen Leben, wenn man mit den Nachbarn spricht. Im Fernsehen und im Radio spricht man Hochdeutsch und man schreibt Hochdeutsch.

Kulturelle Welle   (36:20)

A *Transportmittel* (modes of transportation). Welche Transportmittel sehen Sie in diesem Teil? Kreuzen Sie sie an.

_____ 1. das Auto

_____ 2. die S-Bahn *(above-ground city train)*

_____ 3. die U-Bahn *(subway)*

_____ 4. das Flugzeug

_____ 5. das Taxi

_____ 6. das Boot *(boat)*

_____ 7. das Fahrrad

_____ 8. der Bus

_____ 9. der Zug

_____ 10. das Motorrad

B *Zum Videoteil.* Schauen Sie sich diesen Videoteil an. Dann beantworten Sie die folgenden Fragen.

1. Auf Bahnsteig I fährt die U-Bahn. Welche?

    Linie _____ nach Ruhleben und Linie _____ nach Krummelanke.

2. An welcher Station hält der Bus?

    Berlin _____ Garten.

3. Wie heißt dieser Flughafen in Berlin?

    Flughafen _____

C *Transportmittel.* Diskutieren Sie die folgenden Fragen.

Was für Transportmittel gibt es in Ihrer Stadt? Mit welchem Transportmittel fahren Sie am liebsten? Warum? Was ist am billigsten? Am schnellsten? Am bequemsten?

Live: Fährst du mit in die Schweiz?

Erster Teil   (37:05)

D *Zum Videoteil.* Lesen Sie die folgenden Fragen zuerst durch. Dann schauen Sie sich den Videoteil an. Wählen Sie die beste Antwort. Kreisen Sie den Buchstaben ein.

1. Katrin möchte die Angestellte um _____ bitten.

   a. Geld   b. Semesterferien   c. eine Auskunft

2. Katrin möchte im Sommer _____ fahren.

   a. in die Schweiz   b. nach Deutschland   c. nach Österreich

3. Katrin will die Stadt _____ besuchen und dann _____ kennenlernen.

   a. Bern /die Alpen   b. Zürich / die Alpen   c. die Alpen / Zürich

4. Die Angestellte zeigt Katrin _____ .

   a. eine Zeitung   b. eine Auskunft   c. eine Karte

5. Im Berner Oberland kann man gut _____ .

   a. schwimmen   b. wandern   c. fahren

6. Die Stadt _____ liegt in der Nähe des Vierwaldstättersees.

   a. Luzern   b. Zürich   c. Bern

7. Wenn man Student ist, bekommt man _____, wenn man mit dem Zug fährt.

   a. Fahrkarten   b. Hotelunterkünfte   c. Ermäßigung

8. Katrin will in _____ übernachten, weil es preiswert ist.

   a. einer Jugendherberge   b. dem Zug   c. einem Hotel

9. Katrin will die Fahrkarten noch nicht _____ , weil sie noch mit einer Freundin sprechen will.

   a. packen   b. übernachten   c. bestellen

10. Die Angestellte im Reisebüro empfiehlt Katrin, _____ anstatt _____ mitzunehmen. Es ist sicherer.

    a. Bargeld / Reiseschecks   b. Reiseschecks / Bargeld   c. Geld / Fahrkarten

E *Der ungeduldige* (impatient) *Mann im Reisebüro.* Die folgenden Sätze sind durcheinander. Zuerst finden Sie die richtige Reihenfolge. Dann entscheiden Sie, wer das sagt: der Mann oder die Angestellte. Kreuzen Sie an.

Nummer		Mann	Angestellte
_____ a.	Ja, kleinen Moment Geduld mal bitte, ja?	_____	_____
_____ b.	Tag. Meine Flugkarten nach Olbia?	_____	_____
_____ c.	Entschuldigung, meine Flugkarten nach Olbia, sind die schon da?	_____	_____
_____ d.	Meuser.	_____	_____
_____ e.	Wie war Ihr Name bitte?	_____	_____

F *In der Schweiz.* Jetzt suchen Sie auf der Karte unten die folgenden Orte: Bern (die Hauptstadt) / Zürich / Luzern / der Vierwaldstättersee (ein großer See in der Mitte der Schweiz) / die Alpen (eine Bergkette im Süden der Schweiz) / das Berner Oberland (ein Wander- und Skigebiet südlich von Bern).

DIE SCHWEIZ

Kultur

Bern wurde 1291 gegründet.° Im Jahre 1848 wurde Bern Hauptstadt der Schweiz. Viele berühmte Leute wohnten in Bern, unter anderem der Physiker Albert Einstein und der Maler Paul Klee.

Zürich liegt am Zürichsee. Zürich ist heute die größte Stadt in der Schweiz. Die Stadt wurde im 10. Jahrhundert gegründet. Zu Beginn der Reformation, im Jahre 1519, wurde die Stadt durch den Reformator Zwingli, ein Zeitgenosse° Luthers, berühmt. Es gibt heute mehr als 100 Kirchen in Zürich.

Luzern liegt am Vierwaldstättersee zwischen Hügeln und Wäldern. Es ist eine kleine Stadt aus dem Mittelalter mit hölzernen° Brücken, steinernen° Stadtmauern und Wassertürmen.°

Der Vierwaldstättersee liegt in der Zentralschweiz. Er ist einer der bekanntesten Seen in der Schweiz. Er ist 38 Kilometer lang. Schon zur Zeit der Römer° benutzte man den See zum Waren- und Truppentransport. Im 13. Jahrhundert, mit der Eröffnung° des Gotthardpasses, begann ein reger° Schiffsverkehr. Man transportierte Güter° vom Norden über den See und über den Gotthardpaß in den Süden

Right column glosses:

wurde . . . *was . . . founded*

contemporary

wooden / stone
water towers

Romans

opening
active
goods

Zweiter Teil   (39:13)

G *Das Telefongespräch.* Sind die folgenden Sätze richtig oder falsch? Kreisen Sie R oder F ein. Wenn die Information falsch ist, dann korrigieren Sie die Sätze.

1. Katrin ruft Su-Sin an.   R   F

    Korrektur: _____

    _____

2. Su-Sin sagt: „Entschuldige, ich habe mich etwas verspätet."   R   F

    Korrektur: _____

    _____

3. Katrin will wissen, ob Su-Sin mit in die Schweiz fährt.   R   F

    Korrektur: _____

    _____

4. Katrin meint, es macht bestimmt Spaß.   R   F

   Korrektur:

   _____

5. Su-Sin sagt sofort „ja".   R   F

   Korrektur:

   _____

6. Katrin wird Su-Sin am nächsten Tag anrufen.   R   F

   Korrektur:

   _____

Graphik   (40:15)

Wünsche

In this graphic segment, you will hear Katrin express various wishes as she dreams about her vacation in Switzerland. Katrin uses the subjunctive mood to express a wish. Remember that you can express wishes in one of two ways: with the subjunctive form of the verbs **sein, haben, wissen,** and modals (**wäre, hätte, wüßte, könnte**) or the **würde**-construction with all other verbs (**würde . . . sehen, würde . . . besuchen, würde . . . übernachten**). Watch carefully and then do the exercise below.

H *Wünsche.* Was würden Sie tun, wenn Sie in der Lotterie gewonnen hätten? Schreiben Sie Wünsche mit den folgenden Elementen.

1. Ich / fliegen / nach Frankfurt.

   _____!

2. Ich / reisen / mit / der Zug / nach Berlin.

   _____!

3. Ich / können / besuchen / alle Sehenswürdigkeiten *(points of interest)*.

   _____!

4. Ich / übernachten / in / das teuerste Hotel.

   _____!

5. Ich / essen / in / das beste Restaurant.

   _____!

6. Ich / sein / der glücklichste Mensch / auf / die Welt.

   _____!

Welle Magazin (40:53)

In Berlin übernachten!

I *Eine Nacht in Berlin.* Hier sehen Sie, wo man in Berlin überall übernachten kann. Machen Sie eine kurze Liste von den Orten, die Sie im Videoteil sehen. Dann diskutieren Sie. Wo würde ein Student übernachten? Ein Professor? Eine Familie? Eine Geschäftsfrau *(businesswoman)*?

_____   _____

_____   _____

_____   _____

_____   _____

Nach dem Video

A *Katrins Reisepläne.* Beantworten Sie die folgenden Fragen mit Stichwörtern *(key words).*

1. Wann will Katrin reisen?   _____

2. Welches Land will sie sehen?   _____

3. Wie wird sie dahinfahren?   _____

4. Wo wird sie übernachten?   _____

5. Welche Orte will sie besuchen?   _____

6. Wer wird mit ihr in die Ferien fahren? _____

B *Ein Telefongespräch.* Wir hören Katrin am Telefon, aber wir hören nicht, was Su-Sin sagt. Jetzt sollen Sie das Gespräch fertigschreiben. Ein wenig Phantasie ist erlaubt!

Katrin: Hallo, Su-Sin? Hier ist Katrin. Entschuldige. Ich hab' mich etwas verspätet.

Su-Sin: _____

_____

Katrin: Ich war im Reisebüro.

Su-Sin: _____

_____

Katrin: Ja, natürlich. Fährst du mit in die Schweiz? Ich möchte zu meiner Tante nach Zürich fahren. Später fahre ich nach Luzern und danach wandere ich in den Bergen.

Su-Sin: _____

_____

Katrin: Nein, es ist bestimmt nicht teuer. Wir übernachten in den Jugendherbergen und fahren mit dem Zug.

Su-Sin: _____

_____

Katrin: Ach, überleg's dir doch! Es macht bestimmt Spaß.

Su-Sin: _____

_____

Katrin: Ja, tschüß. Ruf mich morgen an. Tschüß.

C **Zur Kultur.** Sind die folgenden Sätze richtig oder falsch? Kreisen Sie R oder F ein.

1. Mit dem Interrail-Ticket kann man auch in Japan mit dem Zug fahren.   R   F

2. In einem Reisebüro kann man ein Hotelzimmer buchen.   R   F

3. Man braucht einen Jugendherbergsausweis, wenn man in einer Jugendherberge übernachten will.   R   F

4. Albert Einstein wohnte eine kurze Zeit in Luzern.   R   F

5. Die Bergkette im Norden der Schweiz heißt _die Alpen_.   R   F

6. Der Rhein fließt durch die Schweiz.   R   F

D *Zum Schreiben!* Wählen Sie ein Thema.

1. Write a short note to Katrin. Explain to her that Su-Sin just called and said that she cannot go on vacation with her because . . . . Invent a good reason.

2. Write a short paragraph describing your dream vacation.

3. Find a picture or photo of an exotic place to travel. Write an advertisement for that place. Include prices for transportation and hotel accommodations, as well as possibilities for relaxation, entertainment, and sports.

_____

_____

_____

_____

_____

_____

E *Situationen!* Spielen Sie diese Situationen mit einem Partner oder einer Partnerin.

1. Find out from one or two of your classmates where and how they would like to travel, what they would like to visit, and whom they would invite to go with them.

2. Practice the telephone conversation in exercise B with a classmate.

3. a. You are a German student planning to visit the United States for the first time. Go to a travel agent and ask him/her about flights to the United States, travel possibilities in the country, places where you could stay cheaply (as a student you do not have much money), and points of interests you should visit during your stay; or:

   b. You are a German travel agent. A student would like information on traveling to the United States. Supply as much information as you can. (Improvise if necessary.) Tell the student which points of interest he/she should definitely visit.

4. Use the advertisement you wrote for exercise D3 and convince a student to take a vacation there.

8 *Ich* bezahle das Abendessen! (41:50)

Vor dem Video
Einführung

Personen

Stefan
Katrin
Kellner

A *Im Restaurant* Luise *in Berlin*! Was sehen Sie auf dem Tisch? Kreuzen Sie die Wörter in der folgenden Liste an!

_____ 1. der Salatteller

_____ 2. eine Flasche Wein

_____ 3. das Besteck (der Löffel, die Gabel, das Messer)

_____ 4. eine Blumenvase

_____ 5. ein warmes Essen

_____ 6. Bierdeckel *(coasters)*

_____ 7. Salz und Pfeffer

_____ 8. ein Mineralwasser

_____ 9. eine Serviette

_____ 10. eine Tasse Kaffee

_____ 11. die Rechnung *(bill)*

_____ 12. eine Speisekarte

_____ 13. der Nachtisch

_____ 14. der Zucker *(sugar)*

_____ 15. das Ketchup

Kultur

Die *Luise* ist ein Restaurant in der Nähe der Freien-Universität-Berlin.

B *Im Restaurant.* Warum trifft man sich mit Freunden im Restaurant? Lesen Sie die folgende Liste, dann kreuzen Sie an, warum *Sie* ins Restaurant gehen. Warum gehen Europäer ins Restaurant? Bitte diskutieren Sie!

_____ Ich habe Hunger oder Durst.   _____ Ich möchte etwas feiern.

_____ Ich will einfach nicht kochen.   _____ Ich möchte mit Freunden etwas diskutieren.

_____ Ich will mich entspannen *(to relax).*   _____ Ich will mich auf ein Examen vorbereiten.

_____ Ich habe dort meine Ruhe *(quiet).*

RESTAURANTVOKABULAR

Substantive

das **Abendessen, -**	supper, evening meal
das **Frühstück, -e**	breakfast
das **Getränk, -e**	beverage
die **Hauptspeise, -n**	main course
das **Mittagessen, -**	mid-day meal, lunch
die **Nachspeise,-n** (das **Dessert, -s**)	dessert
die **Rechnung, -en**	check, bill
die **Speisekarte, -n**	menu
die **Vorspeise, -n**	appetizer

Verben

bestellen	to order
bezahlen	to pay

Andere Wörter und Ausdrücke

Herr Ober, die Speisekarte bitte!	Waiter, the menu please!
Herr Ober, die Rechnung bitte!	Waiter, the check please!

Kulturelle Welle

C *Aus der Speisekarte.* Unten sehen Sie eine kurze Mitteilung *(notice)* an die Gäste vom Restaurant *Luise.* Lesen Sie sie. Dann machen Sie die folgende Übung.

Königin Luise

Guten Tag, liebe Gäste! Wir haben Sie schon erwartet—in Berlins schönstem Biergarten. Mit einem umfangreichen Angebot an Speisen° und Getränken sind wir bestens auf Ihren Besuch vorbereitet. Jeden Tag! Ab° 10.00 Uhr! An Sonn- und Feiertagen macht bei schönem Wetter und Gartenbetrieb° nur unsere warme Küche mal eine Pause zwischen 15.30 und 17.00 Uhr, um dann wieder bis 23.00 Uhr ganz für Sie dasein zu können.° Desserts, Eis, und Kuchen sind durchgehend erhältlich.° Einen angenehmen Aufenthalt° wünschen Ihnen,

einem . . . *a wide variety of food*
beginning at
garden service

ganz . . . *to be ready just for you*
durchgehend . . . *continuously*
available / **einen . . .** *a pleasant visit*

die Leute von der Luise.

Zum Lesetext. Schreiben Sie das richtige Wort in die Lücken.

1. Die *Luise* hat ein Restaurant und einen _____ .

2. Die *Luise* macht um _____ Uhr auf und um _____ Uhr zu.

3. Die *Luise* bietet jeden Tag viele _____ und _____ an.

4. Sonntags und an Feiertagen kann man von _____ Uhr bis

   _____ Uhr nichts Warmes bestellen.

5. Wenn man am Sonntag Nachmittag um 16 Uhr großen Hunger hat, kann man in der *Luise* ein Stück

   _____ essen.

D *Die Frühstückskarte von der* Luise. Lesen Sie die Karte, dann machen Sie zwei Listen. Was kann man in Amerika auch bestellen? Was kann man in Amerika nicht bestellen? Diskutieren Sie.

Luise

Frühstückskarte

Von 10 Uhr bis 14 Uhr

Käsefrühstück ———————— 6,00

Kleines Frühstück ———————— 5,00
gek. Schinken, Käse, Wurst, Obst, Brotkorb, Butter

Luises Frühstücksplatte ———————— 8,50
Katenschinken, Wurst, Käse, Eiersalat, Schinkenröllchen, Obst, Honig, Joghurt, Brotkorb, Butter

Luises Stulle ———————— 7,00
gek. Schinken auf Zwiebelbrot mit Spiegeleiern

Rühreier ———————— 7,50
mit Schinken, Toast und Butter

Luises Baguette ———————— 7,00
heiß, frisch aus dem Ofen – mit Salami, Käse und Salat gefüllt

Bircher Müsli ———————— 6,00
mit Früchten, Nüssen und Sahne

Eiersalat ———————— 5,00
mit Toast und Butter

Preise inklusive Bedienung und Mehrwertsteuer.
Die Bedienung ist berechtigt, sofort zu kassieren.

| **Spiegeleier** *fried eggs* | **Rühreier** *scrambled eggs* |
| **berechtigt sein** *to have the right* | **kassieren** *to take payment* |

Was man in Amerika bestellen kann	*Was man in Amerika* nicht *bestellen kann*
_____	_____
_____	_____
_____	_____
_____	_____
_____	_____
_____	_____
_____	_____

Zu der Frühstückskarte im Restaurant *Luise*. Schauen Sie die Karte noch einmal an. Bestellen Sie etwas zum Frühstück, was Ihnen schmecken wird. Sie haben aber nur 8 DM bei sich *(with you)!*

Ich hätte gern: _____

_____

_____

_____

Jetzt lesen Sie die zwei Zeilen ganz unten auf der Karte! Warum möchte die Kellnerin vielleicht sofort kassieren?

1. _____

2. _____

Zur Kultur

In der Rechnung sind 10%–15% für die Bedienung° und 14% Mehrwertsteuer° schon inbegriffen.° In deutschen Restaurants bezahlt man meistens bar.° Kreditkarten und Schecks kann man nicht brauchen.

service
value-added tax / included
cash

In einem deutschen Restaurant findet man sich selber einen freien Tisch. Wenn es nicht genug freie Tische gibt, dann kann man sich auch zu einer fremden Person setzen. Man fragt dann: „Ist hier noch frei?"

E *Ihre Eßgewohnheiten (your eating habits).* Was für ein Esser sind Sie? Lesen Sie den Fragebogen und kreuzen Sie an, was für Sie stimmt.

1. **Der kräftige Esser** *(the hearty eater)*

   _____ ißt alles

   _____ hat ein schlechtes Gewissen *(bad conscience)*, wenn er Speisen *(food)* wegwerfen muß

   _____ kämpft *(fights)* immer gegen die Kalorien

   _____ ißt aus Langeweile *(boredom)*

2. **Der Gesundheitsbewußte** *(the health-conscious eater)*

   _____ ißt frische Gemüse und Obst wegen der Vitamine

   _____ ißt keine Speisen mit viel Fett oder Salz

   _____ ißt vier- oder fünfmal am Tag, aber kleine Portionen

   _____ trinkt keinen Alkohol zum Essen

3. **Der Vernunfts-Esser** *(the sensible eater)*

   _____ ißt, weil er oder sie muß

   _____ ißt alles, aber nur kleine Portionen

   _____ ißt Speisen mit wenig Fett, Zucker, oder Salz

   _____ ißt selten zwischen den Mahlzeiten *(meals)*

4. **Der Genußmensch** *(the pleasure eater)*

   _____ ißt alles, was ihm schmeckt

   _____ will, daß das Essen schön aussieht

   _____ findet es unwichtig, ob das Essen gesund ist oder nicht

   _____ ißt immer bei Kerzenlicht

Zur Kultur

Die Gesetze für den Alkoholkonsum in Deutschland sind anders als in den USA. Jugendliche unter 16 dürfen zum Beispiel Alkohol für ihre Eltern kaufen, aber erst ab° 16 darf man Bier oder Wein trinken. Ab 18 darf man hochprozentige alkoholische Getränke wie Whiskey trinken.

after

Zum Video

VOKABULAR

Substantive

der **Apfelstrudel, -**	apple-filled pastry
der **Gastarbeiter, -**	"guest" (foreign) worker
das **Getränk, -e**	beverage
der **Kellner, -**	waiter
die **Nachspeise, -n**	dessert
der **Ober, -**	(head)waiter
die **Rechnung, -en**	bill
die **Seide**	silk
der **Semesterabschluß, ⁻e**	end of the semester
die **Speise, -n**	food
das **Tuch, ⁻er**	scarf, cloth

Verben

auf·passen	to pay attention
erstaunen	to astonish
Geld wechseln	to make change

Adjektive und Adverbien

rein	pure
zusammen	together (here: two meals on one check)

Andere Wörter und Ausdrücke

Guten Appetit!	Have a nice meal!
nichts zu danken	it was nothing
die ehemalige DDR	the former German Democratic Republic
Kannst du mir folgen?	here: Do you understand what I am saying?
Ich bekomme Hunger.	I'm getting hungry.
Meinst du?	You (really) think so?
Prost!	Cheers!
im Urlaub	on vacation

Kulturelle Welle   (41:57)

A *Der Türkenmarkt am Maibachufer in Kreuzberg.* Was kann man dort alles kaufen? Machen Sie eine Liste. Manchmal sehen Sie auch einen Preis. Schreiben Sie ihn auf.

_____   _____

_____   _____

_____   _____

_____   _____

_____

Zur Kultur

Der Türkenmarkt in Berlin liegt im Stadtteil Kreuzberg am Ufer°
eines Flusses. Der Markt ist immer dienstags und donnerstags
zwischen 11 und 18 Uhr. Die meisten Verkäufer (ca. 75%)
kommen aus der Türkei. Sie verkaufen hauptsächlich° Gemüse
und Obst, aber bieten auch türkische Spezialitäten an, wie
Fetakäse, Pistazien und Tee. Man kann auch Fisch, Hähnchen,
Klamotten, handgemachte Kleidung, Kinderspielzeug° und
Süssigkeiten° da kaufen!

bank

mainly

childrens' toys
candy

Live: Ich bezahle das Abendessen!

Erster Teil   (42:42)

B   *Ein Gespräch.* Schreiben Sie auf, was Stefan und Katrin sagen!

Katrin: Weißt du was _____ (1) _____ (2)? Gestern, der

Verkäufer auf dem _____ (3) Basar, als Ausländer hat er sehr gut Deutsch

_____ (4). Wie kommt das?

Stefan: Ja, er _____ (5) bestimmt schon _____ (6) zehn Jahren

in Berlin. Er kennt _____ (7) hier aus. Bestimmt will er gar nicht mehr

_____ (8) in die Türkei.

C   *Zum Videoteil.* Wählen Sie den Ausdruck oder den Satz, der am besten paßt. Kreisen Sie den
Buchstaben ein.

1. Katrin _____ über das seidene Tuch, das Stefan ihr gibt.

   a. ist nicht froh   b. freut sich   c. stellt viele Fragen

2. Katrin ist erstaunt, daß . . .

   a. die Gastarbeiter in der Bundesrepublik bleiben.

   b. es so viele Gastarbeiter in der Bundesrepublik gibt.

   c. der Gastarbeiter auf dem Türkenmarkt so gut deutsch spricht.

3. Stefan meint, daß . . .

   a. viele Gastarbeiter nur 10 Jahre in Deutschland bleiben.

   b. die meisten Gastarbeiter nicht mehr in ihre Heimat zurück wollen.

   c. sich alle Gastarbeiter in Deutschland gut auskennen.

Zur Kultur

In Deutschland serviert man kein Wasser zu den Mahlzeiten. Wer Wasser trinken will, bestellt Mineralwasser (zum Beispiel *Appollinaris*). Man bekommt auch nicht automatisch Brot oder Brötchen und Butter zum Mittag- oder zum Abendessen. Man muß das Brot und die Butter bestellen und extra dafür bezahlen.

Zweiter Teil   (43:11)

D *Im Gespräch.* Die folgenden Sätze sind durcheinander. Zuerst suchen Sie die richtige Reihenfolge. Dann entscheiden Sie, wer was sagt: der Kellner, Stefan oder Katrin.

Nummer   *Name*

_____ a. Netter Kellner, nicht wahr?   _____

_____ b. Na, was darf's denn sein?   _____

_____ c. Ach, Herr Ober!   _____

_____ d. Ich nehm' ein Glas Selterwasser (Mineralwasser). _____

_____ e. Prost. Guten Appetit.   _____

_____ f. Speisen haben Sie schon gewählt?   _____

_____ g. Das kann ich nur empfehlen.   _____

Zur Kultur

Katrin bestellt *gebackenen Camembert mit Preiselbeeren (baked Camembert cheese with lingonberries)* und Stefan bestellt *Knoblauchrippchen mit Salat und Zwiebelbrot (garlic-ribs with a salad and onion bread)*.

E *Zum Videoteil.* Sind die folgenden Sätze richtig oder falsch? Kreisen Sie R oder F ein.

1. Stefan trinkt eine Cola und Katrin einen Apfelsaft.   R   F

2. Der Ober empfiehlt Eisbein mit Sauerkraut nicht.   R   F

3. Katrin nimmt keinen Nachtisch.   R   F

4. Der Ober sagt, Stefan soll Grütze mit Vanillesauce nehmen.   R   F

5. Der Kellner ist etwas ärgerlich *(annoyed)* und ungeduldig *(impatient)*. R   F

6. Katrin findet den Kellner sehr sympathisch.   R   F

Dritter Teil   (44:33)

F *Rollenverteilung* (distribution of roles). Das Gespräch wird etwas ernster. Hier geht es um die Rollenverteilung von Mann und Frau. Was macht die Frau? Was macht der Mann? Setzen Sie die richtigen Wörter in die kurzen Texte ein.

1. In der Türkei bleiben _____ zu Hause bei den Kindern, während

   _____ arbeiten. (Wer sagt das? _____)

2. _____ geht vormittags arbeiten und jemand anderes paßt auf die Kinder auf.

   (Wer sagt das? _____)

3. Ich finde es normal, wenn _____ zu Hause bei den Kindern bleibt.

   (Wer sagt das? _____)

4. _____ hat den ganzen Tag gearbeitet und ich war im Kindergarten.

   (Wer sagt das? _____)

5. Du als _____ kannst das sowieso nicht verstehen.

   (Wer sagt das? _____)

G *Zum Urlaub.* Was machen Katrin und Stefan denn im Urlaub?

1. Stefan fährt mit _____ in die _____ .

   Warum? _____

2. Katrin fährt morgen mit _____ in die _____ .

   Warum? _____

H *Die Rechnung bitte!* Katrin bezahlt fürs Abendessen, denn . . .

_____ 1. es ist der Semesteranfang.   _____ 5. es ist der Semesterabschluß.

_____ 2. es ist Stefans Geburtstag.   _____ 6. es ist Katrins Geburtstag.

_____ 3. die *Luise* macht bald zu.   _____ 7. Katrin hat in der Lotterie gewonnen.

_____ 4. Stefan hat kein Bargeld dabei.   _____ 8. Katrin ist emanzipiert.

I *Zum Videoteil.* Katrin und Stefan: wer ist altmodisch? Wer ist emanzipiert? Fassen Sie kurz zusammen *(summarize briefly)*.

Wie sieht Stefan die Rollenverteilung von Mann und Frau?

_____

_____

_____

Wie sieht Katrin die Rollenverteilung von Mann und Frau?

_____

_____

_____

Graphik   (46:50)

Indirekte Rede *(Indirect speech)*

In this graphic segment, watch how the sentence changes from a direct quotation (indicative) to an indirect quotation (subjunctive I). Note how the second speaker re-formulates the indicative mood of the main verb to indicate an objective quote. Then practice this structure in the exercise that follows.

J *Indirekte Rede.* Was hat sie gesagt? Was hat er gesagt? Schreiben Sie die folgenden Sätze im Konjunktiv I.

1. „Das Tuch gefällt mir wirklich sehr gut,“ sagte Katrin.

   Sie sagte, _____

2. „Der Türke hat sehr gut Deutsch gesprochen,“ sagte Katrin.

   Sie sagte, _____

3. „Ich würde den Apfelstrudel empfehlen,“ sagte der Kellner.

   Er sagte, _____

4. „Ich finde es normal, wenn die Mütter zu Hause bleiben,“ sagte Stefan.

   Er sagte, _____

5. „Es ist spät!“ sagte Katrin.

   Sie sagte, _____

Welle Magazin   (48:25)

Die Hauptstadt Berlin

K *Berühmte Berliner-Wahrzeichen* (symbols). Identifizieren Sie die Wahrzeichen im Welle Magazin. In welcher Reihenfolge erscheinen sie? Numerieren Sie bitte!

_____ a. der Reichstag: das alte Parlamentsgebäude

_____ b. das Pergamon Museum: das Museum für klassische Kunst

_____ c. das Brandenburger Tor: das Tor, wo man am 9. November 1989 feierte

_____ d. Schloß Charlottenburg: jetzt ein Kunstmuseum, vorher ein Schloß (castle)

_____ e. der Fernsehturm: es gibt zwei, einen im Westen und einen im Zentrum

_____ f. der Berliner-Bär : das Symbol für die Stadt

_____ g. die Kaiser-Wilhelm-Gedächtniskirche (memorial church): ein alter und ein neuer Teil—die Ruine soll an den zweiten Weltkrieg erinnern

_____ h. der Berliner Dom: die runde Kuppel (dome) erkennt man schon von weitem

_____ i. der Palast der Republik: ein modernes Gebäude neben dem Berliner Dom

_____ j. die Kongreßhalle: Amerikanischer Beitrag (contribution) zur Bauausstellung 1957—das Gebäude hat ein geschweiftes (curved) Dach

L *Mein T-Shirt.* Welches Berliner-Wahrzeichen möchten Sie am liebsten auf Ihr T-Shirt drucken (print) lassen? Warum?

_____

_____

Nach dem Video

A *Gesprächsthemen.* Sie sitzen am Tisch neben Stefan und Katrin und überhören das ganze Gespräch. Welche Themen besprechen Katrin und Stefan?

_____ 1. das Essen

_____ 2. die Tante in Zürich

_____ 3. die Gastarbeiter

_____ 4. die Ferien

_____ 5. Herr und Frau Bachmann

_____ 6. das Wetter

_____ 7. arbeitende Mütter   _____ 11. die Rechnung

_____ 8. ihre Liebe   _____ 12. Katrins Reise in die Schweiz

_____ 9. die letzte Mathe Klausur   _____ 13. die Lottozahlen

_____ 10. der Ober   _____ 14. Kreuzberg

B   *Fragen und Antworten.* Was gehört zusammen?

_____ 1. Ist hier noch frei?   a. Dankeschön.

_____ 2. Was empfehlen Sie?   b. Danke, gleichfalls!

_____ 3. Haben Sie's nicht kleiner?   c. Das Schnitzel ist besonders gut!

_____ 4. So, bitte schön!   d. Zusammen oder getrennt?

_____ 5. Ich möchte bitte bezahlen!   e. Ja, setzen Sie sich!

_____ 6. Guten Appetit!   f. Nein, tut mir leid.

C   *Zur Kultur.* Sind die folgenden Sätze richtig oder falsch? Kreisen Sie R oder F ein.

1. Die Rechnung in einem deutschen Restaurant enthält *(includes)* kein Trinkgeld *(tip)* für den Kellner oder die Kellnerin.   R   F

2. Nach dem Essen kann man gleich am Tisch bezahlen.   R   F

3. Während der Mahlzeit darf man die Hände auf den Tisch legen.   R   F

4. Wenn man mit dem Ober sprechen möchte, hebt *(lift)* man den Fuß.   R   F

5. Es ist üblich *(customary)* in Deutschland, daß Leute, die sich gar nicht kennen, am gleichen Tisch sitzen.   R   F

6. In deutschen Restaurants bekommt man zu jeder Mahlzeit Brot und Butter.   R   F

D *Zum Schreiben!* Wählen Sie ein Thema.

1. a. You are Katrin. Write a short note to Stefan thanking him for the wonderful (or not so wonderful?) evening. Try to explain your most recent thoughts on gender roles in a family.

   b. You are Stefan. Write a short note to Katrin thanking her for the wonderful (or not so wonderful?) evening. Try to explain your most recent thoughts on gender roles in a family.

2. Imagine that you are a Turkish "guest worker" in Germany. You've been living and working in Berlin for almost twenty years and are thinking about returning to Turkey to retire. What are some of the reasons why you might decide to stay in Germany? What are some arguments for returning to Turkey?

   Ich bleibe hier in Berlin, weil . . .

   oder:

   Ich fahre zurück in die Türkei, weil . . .

   _____

   _____

   _____

   _____

   _____

   _____

   _____

   _____

   _____

   _____

E *Situationen!* Spielen Sie diese Situationen mit einem oder mehreren Partnern oder Partnerinnen.

1. "Call" a classmate and invite him or her to join you for dinner at the *Luise.*

2. With a classmate playing the role of the waiter, order breakfast from the menu provided in this chapter. Ask what he/she recommends, and make sure you order something to drink.

3. Play the scene described in number 2 above, but with one of the following variations:

   • You and your friend change your mind about the meals you ordered. Politely explain your changes to the waiter.

   • Someone asks whether he/she can join you at your table and you politely refuse. Explain why.

   • The waiter brings the wrong meal. Complain about it.

   • When it comes time to pay, you discover you've forgotten your wallet. Find a solution.

   • Your partner insists on paying, when you really wanted to treat him/her. Negotiate a friendly solution.

4. With four or five classmates, discuss the topic of traditional male/female roles. Consider the following statements. You may prepare additional statements to fuel the discussion.

- Frauen sollen mit den Kindern zu Hause bleiben!

- Männer sollen mit den Kindern zu Hause bleiben!

- Ein Kindermädchen soll auf die Kinder aufpassen, damit beide Eltern arbeiten können.

- Männer können Frauen nicht verstehen.

- Frauen können Männer nicht verstehen.

Report your group's consensus to the class.

German–English Vocabulary

The following list contains all the words and expressions from the topical vocabulary and the video vocabulary in each chapter. The section in which each word appears is indicated by the notation *K (Kulturteil)* or *V (Videoteil)* and the chapter number. Strong and irregular verbs are listed with their principal parts; verbs using **sein** as their auxiliary are noted by the word **ist**. Idiomatic expressions are listed alphabetically by the first word of the expression.

das **Abendessen, -** supper, evening meal K8
ab·schließen, schloß ab, abgeschlossen to lock V5
die **Angestellte, -n** female employee K7
der **Apfelstrudel, -** apple-filled pastry V8
auf alle Fälle in any case V7
auf·passen to pay attention V5, V8
auf·stehen, stand auf, ist aufgestanden to get up V2
aus Leder made out of leather V5
die **Auskunft** information K7

der **Bahnhof, ·e** train station K7
der **Balkon, -e** balcony V1
das **Bargeld** cash V7
der **Beamte, -n** *(adjectival noun)* official person V6
bestellen to order K8
bezahlen to pay K8
die **Bibliothek, -en** library K3
billig cheap, inexpensive K7
brauchen, brauchte, gebraucht to need V2
das **Buch, ·er** book K3
buchen to book V7
die **Butter** butter K2
das **Brot** bread K2
das **Brötchen, -** breakfast roll K2, V2

Da sage ich nicht nein. I won't say "no" to that. V1
danken *(dative verb)* to thank V6
Das ist alles. / Das war es. That is all. K4
Das war's. That's all. V4
Das war's denn? Was that all? V7
die **Decke, -n** tablecloth; blanket V6
Du hast recht. You're right. V2

Echt? Really? V3
die **ehemalige DDR** the former German Democratic Republic V8
das **Ei, -er** egg K2, V2
ein gegrilltes Hähnchen a grilled (barbequed) chicken V4
eine Reise machen to take a trip K7

eine Tasse Kaffee a cup of coffee V1
ein·kaufen to shop; to buy K4, V4
ein·kaufen gehen, ging, ist gegangen to go shopping V4
empfehlen (empfiehlt), empfahl, empfohlen to recommend V4
der **Enkel, -** grandson V6
entdecken to discover, find V5
Entschuldigung! Excuse me! V3
die **Erdbeermarmelade, -n** strawberry preserves V2
die **Ermäßigung, -en** reduction in price V7
erreichen to reach V7
erst first; only V3
erstaunen to astonish V8
Es macht bestimmt Spaß! It's certainly going to be fun! V7
Es macht großen Spaß! It's a lot of fun! V5
Es tut weh. It hurts. V6
essen (ißt), aß, gegessen to eat K2

das **Fach, ·er** subject, area of study K3
das **Fachsemester, -** semester in one's major field V3
die **Fahrkarte, -n** ticket K7
der **Fahrplan, ·e** train schedule K7
feiern to celebrate K6
fein fine V4
das **Fest, -e** party, celebration K6
die **Flasche, -n** bottle V4
das **Fräulein, -** young woman; Miss or Ms. V1
frei free K1, V1
die **Freizeit** free time K5
die **Fremdsprache, -n** foreign language K3
Freut mich. Glad to meet you. V1
das **Frühstück** breakfast K2, V2, K8
Fußball / Tennis spielen to play soccer / tennis K5

Ganz lassen oder schneiden? (Shall) I leave it whole or cut it? V4
der **Gastarbeiter, -** "guest" (foreign) worker V8

der **Geburtstag, -e** birthday K6, V6

die **Geburtstagskarte, -n** birthday card K6

der **Geburtstagskuchen, -** birthday cake K6

die **Geduld** patience V7

geeignet sein (ist), war, ist gewesen to be appropriate V7

gehören *(dative verb)* to belong to V5

gelangen, ist gelangt to get to V7

der **Geldbeutel, -** wallet V5

gemütlich cozy, comfortable V1

Genau! Precisely! V6

gern yes; with pleasure V1

das **Geschenk, -e** present K6

gesund healthy, healthful K5

das **Getränk, -e** beverage K8, V8

das **Gramm, -** gram K4

gratulieren *(dative verb)* to congratulate K6

die **Grenze, -n** border V6

grob coarse V4

Guten Appetit! Have a nice meal! V8

Hab' ich passend. I have the exact amount. V4

das **Hauptfach, ⁻er** main subject K3

die **Hauptspeise, -n** main course K8

hell bright, light V1

Herr Ober, die Rechnung bitte! Waiter, the check please! K8

Herr Ober, die Speisekarte bitte! Waiter, the menu please! K8

Herzlichen Glückwunsch! Congratulations! K6

Herzlichen Glückwunsch zum Geburtstag! Happy birthday! V6

die **Hochzeit, -en** wedding V6

der **Honig** honey K2

die **Hotelunterkunft, ⁻e** hotel accommodations V7

Ich bekomme Hunger. I'm getting hungry. V8

Ich bin spät dran! I am late! V2

Ich freue mich! I'm glad! V1

Ich habe (so) die Nase voll! I've (really) had it! I am (really) fed up! V3

Ich habe heute abend nichts vor. I have no plans for tonight. V3

Ich habe Zeit. I've got the (free) time. V1

Ich hätte gern . . . I'd like . . . V4

Ich möchte gern I would like . . . K4

Ich muß weg! I have to leave! V2

im Krieg fallen (fällt), fiel, ist gefallen to die in the war V6

im Monat per month V1

im Stück a piece, not cut V4

im Urlaub on vacation V8

in Eile sein (ist), war, ist gewesen to be in a rush or hurry V1

Ist hier noch frei? Is this seat taken? V3

der/das **Joghurt** yogurt K2

die **Jugendherberge, -n** youth hostel K7

der **Jugendherbergsführer, -** a guide to youth hostels V7

der **Jugendherbergsplatz, ⁻e** a place in the youth hostel V7

der **Kaffee** coffee K2

Kannst du mir folgen? here: Do you understand what I am saying? V8

der **Käse** cheese K2, K4

der **Kellner, -** waiter V8

die **Kerze, -n** candle K6

das **Kilogramm, -** kilogram K4

die **Klausur, -en** exam, test K3, V3

kosten to cost V1

Könnte ich . . . probieren? Could I try . . . ? V4

der **Laden, ⁻** store K4

langweilig boring V3

Laß uns eine kurze Pause machen. Let's take a short break. V5

die **Leberwurst, ⁻e** liverwurst V4

lernen to learn K3

der **Liter, -** liter K4

Los! Let's go! V5

der **Markt, ⁻e** market V4

die **Marmelade, -n** preserves, jam K2

Meinst du? You (really) think so? V8

die **Mensa, die Mensen** student cafeteria or restaurant K3

die **Metzgerei, -en** butcher shop V4

mieten to rent K1, V1

mit uns wohnen to live with us V1

das **Mittagessen, -** mid-day meal, lunch K8

Möchten Sie ein Stück Kuchen? Would you like a piece of cake? V1

nach·kommen, kam nach, ist nachgekommen to follow, join somebody later V6

die **Nachspeise, -n (das Dessert, -s)** dessert K8, V8

nennen, nannte, genannt to name V6

nichts zu danken it was nothing V8

oben here: on the next floor, above V1

der **Ober, -** (head) waiter V8

offen open V4

Ohne Frühstück geht's nicht! You can't go without breakfast! V2

der **Opa, -s** grandpa V1

der **Orangensaft, ⁻e** orange juice V4

packen   to pack V7
Paß mal auf!   Listen! V4
pauken   to cram before an exam V3
das **Picknick, -s**   picnic V4
die **Portion, -en**   portion (serving) V4
das **Portmonnaie, -s**   wallet V5
preiswert   of good value, inexpensive K7
probieren   to try, sample V4
Prost!   Cheers! V8

rad·fahren (fährt Rad), fuhr Rad, ist radgefahren   to bicycle K5
die **Rechnung, -en**   check, bill K8, V8
der **Regenschirm, -e**   umbrella V2
regnen   to rain V2
rein   pure V8
die **Reise, -n**   travel, journey K7
das **Reisebüro, -s**   travel agency K7
reisen, ist gereist   to travel K7

schauen   to look V5
schenken   to give (as a present) K6
der **Schlüssel, -**   key V5
schmecken *(dative verb)*   to taste V4
das **Schweizerdeutsch**   Swiss German V7
schwimmen, schwamm, ist geschwommen   to swim K5
die **Seide**   silk V8
seit einiger Zeit   for some time V6
selbstgemacht   home-made V2
der **Semesterabschluß, -e**   end of the semester V8
Setz dich doch!   Sit down! V3
sich etwas überlegen   to think about something V7
sich etwas vor·stellen   to imagine something V6
sich setzen   to sit down V1
Sie wünschen bitte?   What would you like? V4
ski·fahren (fährt Ski), fuhr Ski, ist skigefahren   to ski K5
die **Sonderfahrkarte, -n**   special ticket V7
Sonst noch etwas?   Anything else? K4
die **Speise, -n**   food V8
die **Speisekarte, -n**   menu K8
der **Sport,** die **Sportarten**   sport K5
Sport treiben, trieb, getrieben   to play sports K5
die **Stadt, -e**   city V1
der **Stift, -e**   pencil or pen V7
der **Studentenausweis, -e**   student ID V5
studieren   to study K3
das **Studium,** die **Studien**   studies K3
suchen   to search, look for K1

der **Tee**   tea K2
teuer   expensive K7
trinken   to drink K2
die **Trümmer**   rubble V6
das **Tuch, -er**   scarf, cloth V8
der **Türkenmarkt, -e**   Turkish market (open air) V4
Tut mir leid!   I am sorry! V3
die **Tüte, -n**   here: carton, container; also paper bag V4

übernachten   to stay overnight K7
Um Auskunft bitten, bat, gebeten   to ask for information V7
Um Gottes Willen!   For heaven's sake! V2
die **Universität, -en** (die **Uni, -s**)   university K1, K3

verlieren, verlor, verloren   to lose V5
vermieten   to rent out K1
verschmutzen   to pollute V5
Viel Spaß!   Have fun! V3
Viele schöne Erinnerungen hängen daran.   I have many good memories about that time. V6
die **Vorlesung, -en**   lecture K3, V3
die **Vorspeise, -n**   appetizer K8

der **Wald, -er**   forest V5
wandern, ist gewandert   to hike K5
der **Wandschrank, -e**   closet V1
was (etwas)   something V7
Was wünschen Sie bitte? Was darf's sein?   What would you like? K4
(Geld) wechseln   to (make) change V8
wecken   to wake someone up V2
weg·werfen (wirft weg), warf weg, weggeworfen   to throw away V5
wenigstens   at least V2
der **Wetterbericht, -e**   weather report V2
wissen (weiß), wußte, gewußt   to know V2
das **Wochenende, -n**   weekend V1
die **Wohnung, -en**   apartment K1
die **Wurst, -e**   sausage, cold cuts K2, V2, K4

zeigen   to show V1
zerstört   destroyed V6
das **Zimmer, -**   room K1
zufrieden   content, happy V6
der **Zug, -e**   train K7
zum Frühstück   for breakfast K2
zusammen   together V8
der **zweite Weltkrieg**   second world war V6